DEN ELEGANTA CHIFFONG KOOKBOKEN

Bemästra konsten av ljusa och luftiga läckerheter med 100 dekadenta recept

Viktoria Mountain Branch

Copyright Material ©2024

Alla rättigheter förbehållna

Ingen del av denna bok får användas eller överföras i någon form eller på något sätt utan korrekt skriftligt medgivande från utgivaren och upphovsrättsinnehavaren, förutom korta citat som används i en recension . Den här boken bör inte betraktas som en ersättning för medicinsk, juridisk eller annan professionell rådgivning.

INNEHÅLLSFÖRTECKNING

INNEHÅLLSFÖRTECKNING **3**
INTRODUKTION **6**
CHIFFONG CUPCAKES **7**
    1. DRAGON FRUIT CHIFFONG CUPCAKES 8
    2. HOKKAIDO CHIFFONG CUPCAKES 10
    3. MARMOR CHIFFONG CUPCAKE 13
    4. CITRON CHIFFONG CUPCAKES 16
    5. CHOKLAD CHIFFONG CUPCAKES 19
    6. STRAWBERRY SHORTCAKE CHIFFONG CUPCAKES 21
    7. ORANGE BLOSSOM CHIFFONG CUPCAKES 24
    8. MATCHA GRÖNT TE CHIFFONGCUPCAKES 26
    9. COCONUT CHIFFONG CUPCAKES 28
    10. VANILJBÖNA CHIFFONGCUPCAKES 30
    11. LAVENDEL HONUNG CHIFFONG CUPCAKES 32
    12. PISTAGE ROSEWATER CHIFFONG CUPCAKES 34
    13. EARL GREY TEA CHIFFONG CUPCAKES 36
CHIFFONGPAJER **38**
    14. HALLON CHIFFONGPAJ 39
    15. ÄPPELPAJ MED KANEL CHIFFONG 41
    16. CHIFFONGPAJ MED SVART KÖRSBÄR 43
    17. BUTTERSCOTCH CHIFFONG PAJ 45
    18. CHIFFONGSYLT AVSKUMPAJ 47
    19. PUMPA CHIFFONG PAJ 49
    20. ÄGGNOG CHIFFONGPAJ 51
    21. FRUKTCOCKTAIL CHIFFONGPAJ 54
    22. GUAVA CHIFFONGPAJ 56
    23. KEY LIME CHIFFONG PAJ 59
    24. MACADAMIA CHIFFONGPAJ 62
    25. CHIFFONGPAJ MED APELSINBLOMMOR 65
    26. PEACHY CHIFFONG PAJ 67
    27. CHIFFONGPAJ MED JORDNÖTSSMÖR 69
CHIFFONG OSTKAKA **71**
    28. NO-BAKE ANANAS CHIFFONG CHEESECAKE 72
    29. NO-BAKE APRIKOS CHIFFONG CHEESECAKE 74
    30. CITRON CHIFFONG CHERRY CHEESECAKE 76
    31. BLUEBERRY CHIFFONG CHEESECAKE 78
    32. ANANAS CHIFFONG CHEESECAKE 80
    33. ORANGE CHIFFONG CHEESECAKE 83
    34. PASSIONSFRUKT CHIFFONG CHEESECAKE 85
    35. MANGO CHIFFONG CHEESECAKE 88
    36. HALLON CHIFFONG CHEESECAKE 90

37. BLACKBERRY CHIFFONG CHEESECAKE 92
38. MATCHA CHIFFONG CHEESECAKE 94
39. INGEFÄRA PÄRON CHIFFONG CHEESECAKE 97
40. KARAMELLISERAD BANAN CHIFFONG CHEESECAKE 100

CHIFFONG TAKOR 103
41. YUZU CHIFFONG TÅRTA 104
42. CHOKLAD CHIFFONG TÅRTA 107
43. DALGONA CHIFFONGKAKA 110
44. BANAN CHIFFONG TÅRTA 113
45. CHIFFONG HONUNGSTÅRTA 116
46. TAHINI CHIFFONGKAKA MED HONUNG OCH RABARBER 118
47. CHOCOLATE CHIP CHIFFONG TÅRTA 122
48. CITRON-VALLMO CHIFFONGKAKA 125
49. EARL GREY CHIFFONGKAKA 127
50. LAVENDEL CHIFFONG TÅRTA 129
51. KOKOS CHIFFONG TÅRTA 133
52. PISTAGE CHIFFONG TÅRTA 135

CHIFFONG FRYST GODS 137
53. CHERRY CHIFFONG FLUFF 138
54. CHIFFONG ICE BOX TÅRTA 140
55. LIME CHIFFONGGLASS 142
56. LIME CHIFFONG SEMIFREDDO 144
57. CITRON CHIFFONG SORBET 146
58. HALLON CHIFFONG FROZEN YOGHURT 148
59. MANGO CHIFFONG POPSICLES 150
60. STRAWBERRY CHIFFONG ICEBOX PAJ 152
61. BLÅBÄR CHIFFONG FRYST VANILJSÅS 154
62. SMÖRGÅSAR MED KOKOS CHIFFONGGLASS 156
63. PEACH CHIFFONG POPSICLES 158

TÄRTOR 160
64. LIME CHIFFONG TÅRTA 161
65. BANAN CHIFFONG TÅRTA 164
66. PUMPA CHIFFONG TÅRTA 166
67. PASSIONSFRUKT CHIFFONG TÅRTA 169
68. CHIFFONG SÖTPOTATISTÅRTOR 172
69. APRIKOS CHIFFONG TÅRTA 175
70. HALLON CHIFFONG TÅRTA 178
71. KOKOS CHIFFONG TÅRTA 180
72. BLANDAD BÄRCHIFFONGTÅRTA 182

LAGERDE DESSERTER 184
73. CHOKLAD CHIFFONGKRUKOR 185
74. CITRON CHIFFONG PUDDING 187
75. MANGO OCH LIME CHIFFONG TRIFLE 189

76. STRAWBERRY CHIFFONG CHEESECAKE PARFAITS 192
77. CHIFFONG TIRAMISU 195
78. CHIFFONGMOUSSE FÖR HALLON OCH VIT CHOKLAD 198
79. BLÅBÄR OCH CITRON CHIFFONG PARFAIT 201
80. KOKOS OCH ANANAS CHIFFONG BAGATELL 204
81. BLACK FOREST CHIFFONG CAKE TRIFLE 207
82. KOKOS OCH MANGO CHIFFONG PARFAIT 210
83. PEACH MELBA CHIFFONG CAKE TRIFLE 212
84. PISTAGE OCH KÖRSBÄRS CHIFFONG PARFAIT 215

CHIFFONGSTANGAR OCH RUTOR 217
85. CITRON CHIFFONGSTÄNGER 218
86. CHOKLAD CHIFFONG BROWNIES 220
87. KOKOS CHIFFONG RUTOR 223
88. ORANGE CHIFFONGSTÄNGER 225
89. JORDGUBBS CHIFFONGRUTOR 227
90. KEY LIME CHIFFONGSTÄNGER 229
91. ANANAS CHIFFONG RUTOR 231
92. BLANDADE BÄR CHIFFONGSTÄNGER 233

CHIFFONGBRÖD 235
93. CHIFFONG BANANBRÖD 236
94. CHIFFONG CITRONBRÖD 238
95. CHIFFONG PUMPA BRÖD 240
96. CHIFFONG CHOKLAD SWIRL BRÖD 242

CHIFFONGCOOKS 244
97. CHIFFONG CITRONKAKOR 245
98. CHIFFONGCHOKLADKAKOR 247
99. CHIFFONGMANDELKAKOR 249
100. CHIFFONG KOKOS KAKOR 251

SLUTSATS 253

INTRODUKTION

Välkommen till "DEN ELEGANTA CHIFFONG KOOKBOKEN", där vi inbjuder dig att ge dig ut på en resa för att bemästra konsten att skapa lätta, luftiga och dekadenta läckerheter med 100 utsökta chiffongrecept. Chiffong, med sin delikata konsistens och eteriska kvalitet, är ett kulinariskt underverk som fängslar sinnena och gläder gommen. I den här kokboken hyllar vi chiffongens elegans och mångsidighet, och visar upp dess förmåga att förvandla enkla ingredienser till extraordinära skapelser som säkerligen kommer att imponera på även de mest kräsna av smaker.

I den här kokboken kommer du att upptäcka en skattkammare av recept som framhäver chiffongens delikata och lyxiga natur. Från klassiska kakor och fluffiga mousser till eleganta pajer och silkeslena puddingar, varje recept är utformat för att visa upp chiffongens unika konsistens och smakprofil, vilket skapar en symfoni av smak och textur som gör dig sugen på mer.

Det som utmärker "DEN ELEGANTA CHIFFONG KOOKBOKEN" är dess betoning på precision och teknik. Chiffongbakning kräver en delikat balans av ingredienser och en försiktig hand, och den här kokboken ger dig de verktyg och vägledning du behöver för att uppnå perfekta resultat varje gång. Med steg-för-steg- instruktioner, användbara tips och fantastisk fotografering kommer du att kunna skapa imponerande chiffongkreationer som är lika vackra som de är läckra.

I den här kokboken hittar du praktiska råd om val av ingredienser, bakutrustning och presentationstekniker som hjälper dig att lyfta dina chiffongskapelser till nästa nivå. Oavsett om du bakar för ett speciellt tillfälle, unnar dig något sött eller bara vill utöka din kulinariska repertoar, har "DEN ELEGANTA CHIFFONG KOOKBOKEN" något för alla att njuta av.

CHIFFONG CUPCAKES

1. Dragon Fruit Chiffong Cupcakes

INGREDIENSER:
- 3 äggulor
- 25 g strösocker
- 70 g drakfruktpuré
- 40 g majsolja
- ¼ tesked vaniljextrakt
- 55g självjäsande mjöl
- 2 msk majsmjöl
- 3 Äggvita
- ⅛ tesked Grädde av tandsten
- 60 g strösocker

INSTRUKTIONER:
a) Vispa äggulor och socker ljust och pösigt. Slå i drakfruktpuré, majsolja och vaniljextrakt. Lätt blanda i självjäsande mjöl och majsmjöl.
b) I en separat ren skål, vispa äggvita, grädde av tartar och strösocker tills det blir fluffigt och stelt. Vänd försiktigt ner äggvleblandningen i den vispade äggvitan tills den är väl blandad.
c) Häll smeten i muffinsfodral. Knacka lätt på cupcake liners för att släppa ut luftbubblor.
d) Grädda i förvärmd ugn på 170°C i 10 minuter, sänk sedan temperaturen till 160°C och grädda i ytterligare 20-25 minuter eller tills ett spett i kakan kommer ut rent.
e) Ta ut ur ugnen och vänd upp kakan direkt.
f) Låt stå ostört tills det svalnat helt.

2. Hokkaido Chiffong Cupcakes

INGREDIENSER:
FÖR CUPCAKES:
- 3 stora äggvitor, separerade från äggulor, vid rumstemperatur
- 45 g strösocker (uppdelat i 20 gram och 25 gram)
- 35 ml rapsolja
- 60 ml mjölk
- 70 g kakmjöl, siktat

FÖR VISSA Grädden:
- 240 ml tung grädde, kyld
- 25 g strösocker
- ¼ tesked vaniljextrakt

FÖR MONTERING:
- Konditorsocker för att pudra

INSTRUKTIONER:
FÖR CUPCAKES:
a) Värm ugnen till 325F. Ta tag i skålen och visp du ska använda för att vispa din grädde och kyl den i kylen.
b) Använd en handhållen elektrisk mixer eller en ställmixer utrustad med visptillbehöret, vispa 3 äggulor och 20 gram socker tills det blir betydligt ljusare i färgen (cirka 8 minuter på medelhög hastighet).
c) Tillsätt 35 ml rapsolja och 60 ml mjölk och fortsätt vispa tills den är ordentligt inkorporerad.
d) Byt till låg hastighet och tillsätt 70 gram kakmjöl. Vispa tills precis blandat. Avsätta.
e) I en separat skål med en annan visp, vispa 3 äggvitor tills det blir skum. Tillsätt gradvis 25 gram socker tills du når stela toppar.
f) Vik ner äggvitorna i äggulorna tills de precis blandas. Var noga med att inte överdriva för att inte tömma dina äggvitor.
g) Överför din smet i muffinsformar tills de är ¾ fulla och lägg på en plåt. Grädda i 20 minuter eller tills topparna börjar spricka och bli matta. En tandpetare i några av cupcakes ska komma ut ren eller med minimalt med torra smulor. Ställ på galler för att svalna helt.

FÖR VISSA Grädden:

h) Ta fram din kylda skål och vispa från kylen och vispa alla dina ingredienser tills du når stela toppar.

FÖR MONTERING:

i) Se till att dina cupcakes har svalnat helt innan du fyller dem med vispad grädde.
j) Överför din kräm i en spritspåse utrustad med önskad spets. Sätt in spetsen i mitten av cupcaken och tryck försiktigt för att fylla kakorna (du kommer att känna att kakorna blir pösiga).
k) Sluta så fort du börjar se fyllningsshowen på toppen. Pudra med konditorsocker.

3. Marmor Chiffong Cupcake

INGREDIENSER:
- 3 äggulor
- 25 g (2 matskedar) strösocker för äggulor
- 30 ml (2 matskedar) vegetabilisk olja
- 45 ml (3 matskedar) mjölk
- 56 g (½ kopp) kakmjöl/lågt proteinmjöl, siktat
- 6 g (1 matsked) osötat kakaopulver, siktat
- 3 äggvitor
- 25 g (2 matskedar) strösocker för äggvita
- ⅛ tsk grädde av tandsten ELLER ½ tsk citronsaft (valfritt)

INSTRUKTIONER:

a) I en medelstor skål, vispa äggulor och socker tills det blir krämigt och ljust i färg.
b) Tillsätt mjölk, olja och mjöl. Blanda noggrant.
c) Separera hälften av smeten i en annan medelstor skål. Tillsätt kakaopulver till en av dem och blanda tills det blandas.
d) Vispa äggvitan i en ren medelstor skål tills den blir skum. Tillsätt grädde av tartar eller citronsaft om du använder (valfritt). Endera av dessa sura ingredienser hjälper till att stabilisera den vispade äggvitan.
e) Med mixern på, tillsätt socker gradvis medan du mixar. Vispa tills den blir hård.
f) Tillsätt ¼ av vispad äggvita/maräng i den chokladfria smeten. Blanda noga med en visp eller silikonspatel.
g) Tillsätt ytterligare ¼ maräng och nu vill vi sakta blanda utan att tömma smeten. Överblandning eller kraftig blandning kan resultera i en icke-fluffig tät kaka. Så vik smeten försiktigt tills det mesta av äggvitan inte längre syns.
h) Tillsätt ¼ av marängen i chokladsmeten. Blanda noggrant. Tillsätt sedan resten av marängen och blanda försiktigt igen bara tills den blandas.
i) Klä muffinsbrickan med pappersmuggar. Tillsätt sedan växelvis choklad och smet utan choklad i varje kopp tills den nästan är full, och lämna cirka 1 cm från toppen.
j) Dekorera toppen med valfritt marmormönster som du gillar. Lägg till tre prickar i olika färger ovanpå. Använd sedan en tandpetare för att dra genom varje prick med ett kontinuerligt runt slag.
k) Grädda i en förvärmd ugn vid 340°F eller 170°C i 20 minuter eller tills en tandpetare som sticks in i mitten kommer ut ren.

4.Citron Chiffong Cupcakes

INGREDIENSER:
CUPCAKES:
- 1 citron, delad
- ¾ kopp (175 ml) kakmjöl (använd inte universalmjöl)
- ½ kopp (125 ml) socker, delat
- ¾ tesked (4 ml) bakpulver
- ¼ tesked (1 ml) salt
- 2 stora äggulor
- ¼ kopp (50 ml) vatten
- 2 ½ matskedar (37 ml) rapsolja
- 1 matsked (15 ml) citronextrakt
- 4 stora äggvitor, rumstempererade
- ½ kopp (125 ml) beredd lemon curd

MARENGFROSTNING:
- 3 stora äggvitor
- ¼ tesked (1 ml) grädde av tandsten
- ½ kopp (125 ml) socker
- 1 tesked (5 ml) citronextrakt

INSTRUKTIONER:
a) Värm ugnen till 325°F (160°C). Lägg pappersliners i brunnarna på en muffinspanna.
b) Använd ett Microplane® justerbart fint rivjärn och skala citronen så att den mäter 1 ½ matsked (22 mL); ställ åt sidan ½ matskedar (7 mL) skal för garnering.
c) I en rostfri (2-qt./2-L) blandningsskål, kombinera mjöl, ¼ kopp (50 mL) av sockret, bakpulvret, saltet och den återstående 1 msk (15 mL) skalet; vispa väl med Stainless Whisk.
d) I en rostfri (6-qt./6-L) blandningsskål, kombinera äggulor, vatten, olja och extrakt; vispa på medelhastighet med en elektrisk stavmixer tills det är väl blandat. Tillsätt torra ingredienser; vispa på medelhastighet tills den är slät.
e) I en rostfri (4-qt./4-L) blandningsskål och använd rena vispar, vispa äggvitor på hög hastighet tills mjuka toppar bildas, cirka 1 minut. Tillsätt gradvis den återstående ¼ koppen (50 ml) sockret i en mycket långsam, jämn ström under kontinuerlig vispning.

Fortsätt vispa i 3-4 minuter eller tills sockret är upplöst och stela toppar bildas. Rör ner en fjärdedel av marängen i smeten med en Small Mix ' N Scraper®; vänd försiktigt ner resterande maräng.

f) Använd en stor skopa och dela smeten jämnt mellan foder; grädda i 12-15 minuter eller tills en träplock som satts in i mitten kommer ut ren. Ta ut pannan från ugnen till ett stapelbart kylställ. Ta bort cupcakes från pannan; svalna helt.

g) För att sätta ihop cupcakes, sked lemon curd i en Decorator utrustad med en stängd stjärnspets.

h) Tryck försiktigt in dekoratorn i mitten av varje cupcake och rör i en liten mängd ostmassa (cirka 2 teskedar/10 ml). Frost cupcakes; strö över reserverat citronskal.

MARENGFROSTNING:

i) Vispa äggvitan i en ren blandningsskål tills den blir skum.

j) Tillsätt grädde av tartar (eller citronsaft om du använder) och fortsätt vispa.

k) Tillsätt socker gradvis under vispning tills det bildas styva toppar.

l) Rör ner citronextrakt.

5.Choklad Chiffong Cupcakes

INGREDIENSER:
- 1 1/2 dl kakmjöl
- 1/2 kopp osötad kakao, plus 1 matsked osötad kakao
- 1 tsk bakpulver
- 1/4 tsk bakpulver
- 1/2 tsk salt
- 4 stora ägg, separerade
- 3/4 kopp vegetabilisk olja
- 3/4 kopp socker, plus 2 msk socker

INSTRUKTIONER:
a) Sikta tårtmjöl, kakao, bakpulver, bakpulver och salt i en stor skål och ställ åt sidan.
b) Vispa ihop äggulor, olja och ⅓ dl vatten tills det blandas. Vispa i ¾ kopp socker. Tillsätt till mjölblandningen och rör om tills det är väl blandat.
c) Vispa äggvitan tills den blir skum. Tillsätt gradvis de återstående 2 msk socker, vispa bara tills mjuka toppar bildas. Tillsätt äggviteblandningen i smeten och vänd ner tills den är jämn blandad.
d) Fyll papperskläda eller smörade muffinskoppar (kapacitet ⅓ koppar) cirka tre fjärdedelar fulla med smet (cirka ¼ kopp i varje).
e) Grädda i en 325°F ugn tills topparna fjädrar tillbaka när de rörs lätt i mitten, 20 till 25 minuter. Kyl på galler i 5 minuter; ta bort från kastruller. Kyl helt.
f) Frosta med din favoritglasyr.

6.Strawberry Shortcake Chiffong Cupcakes

INGREDIENSER:

CUPCAKES:
- ⅞ kopp kakmjöl
- 6 matskedar strösocker
- 1 tsk bakpulver
- ⅛ tesked salt
- 4 stora äggulor
- ¼ kopp vegetabilisk olja
- ⅓ kopp vatten
- ½ tesked vaniljextrakt
- 3 stora äggvitor, rumstempererade
- 3/16 tesked grädde av tandsten
- ¼ kopp strösocker

FYLLNING:
- 2½ dl hackade jordgubbar
- 2½ matskedar strösocker
- 1¼ matskedar majsstärkelse
- 1¼ matskedar vatten

GARNERING:
- 2 koppar tung grädde, kall
- 1 tsk vaniljextrakt
- 2 matskedar strösocker

INSTRUKTIONER:

CUPCAKES:
a) Värm ugnen till 350°F. Klä muffinsformar med pappersfoder eller spraya med bakspray. Avsätta.
b) Sikta mjöl, 6 matskedar socker, bakpulver och salt i en stor skål. Avsätta.
c) I en liten skål, vispa ihop äggulor, olja, vatten och vanilj. Avsätta.
d) Med en elektrisk mixer försedd med visptillbehör, vispa äggvita och grädde av tartar tills det skummar. Häll i ¼ kopp socker medan du fortsätter att vispa. Vispa till hårda toppar. Avsätta.
e) Häll våta ingredienser över torra ingredienser och vispa tills det är slätt.
f) Vänd ner marängen.

g) Använd en 3-msk kakskopa för att dela smeten i förberedda formar.
h) Grädda i 18-20 minuter tills de är ljust gyllenbruna. Ställ åt sidan för att svalna.

FYLLNING:
i) Blanda alla ingredienser i en medelstor kastrull.
j) Koka och rör om på medel-låg värme tills sockret är upplöst och blandningen är tjock, ca 2-3 minuter.
k) Ställ åt sidan för att svalna.

CHANTILLY CREAM:
l) Blanda alla ingredienser i en medelstor skål.
m) Vispa med elmixer försedd med vispfäste till medelstyva toppar.

HOPSÄTTNING:
n) Core cupcakes.
o) Fyll varje cupcake med 1 matsked fyllning.
p) Byt ut toppen på cupcakes.
q) Sprid eller sprid Chantilly-kräm ovanpå.

7.Orange Blossom Chiffong Cupcakes

INGREDIENSER:
- 4 stora ägg, separerade
- 1/2 kopp strösocker
- 1/4 kopp vegetabilisk olja
- 1/4 kopp färskpressad apelsinjuice
- 1 msk apelsinskal
- 1 tsk apelsinblomvatten
- 1 dl kakmjöl
- 1 tsk bakpulver
- 1/4 tsk salt

INSTRUKTIONER:
a) Värm ugnen till 325°F (160°C). Klä en muffinsform med muffinsfodral.
b) Vispa äggulorna med hälften av sockret i en stor bunke tills det blir blekt och tjockt. Tillsätt gradvis vegetabilisk olja, apelsinjuice, apelsinskal och apelsinblomvatten, blanda tills det är väl blandat.
c) I en separat skål, sikta ihop kakmjölet, bakpulvret och saltet.
d) Tillsätt gradvis de torra ingredienserna till de våta ingredienserna, blanda tills det är slätt och väl sammansatt.
e) I en annan ren blandningsskål, vispa äggvitan tills den blir skum. Tillsätt gradvis det återstående sockret och fortsätt vispa tills det bildas styva toppar.
f) Vänd försiktigt ner den vispade äggvitan i smeten tills det inte finns några ränder kvar.
g) Fördela smeten jämnt mellan muffinsfodren, fyll var och en cirka två tredjedelar.
h) Grädda i 15-18 minuter, eller tills en tandpetare som sticks in i mitten av en cupcake kommer ut ren.
i) Ta ut ur ugnen och låt cupcakes svalna i formen i några minuter innan du överför dem till ett galler för att svalna helt.
j) När de svalnat kan du valfritt pudra cupcakes med strösocker eller toppa dem med vispad grädde och färska apelsinsegment för garnering.

8.Matcha grönt te chiffongcupcakes

INGREDIENSER:
- 4 stora ägg, separerade
- 1/2 kopp strösocker
- 1/4 kopp vegetabilisk olja
- 1/4 kopp mjölk
- 1 tsk vaniljextrakt
- 2 matskedar matcha grönt tepulver
- 1 dl kakmjöl
- 1 tsk bakpulver
- 1/4 tsk salt

INSTRUKTIONER:
a) Värm ugnen till 325°F (160°C). Klä en muffinsform med muffinsfodral.
b) Vispa äggulorna med hälften av sockret i en stor bunke tills det blir blekt och tjockt. Tillsätt gradvis vegetabilisk olja, mjölk och vaniljextrakt, blanda tills det är väl kombinerat.
c) Sikta det gröna matcha-pulvret i de våta ingredienserna och blanda tills det är jämnt blandat.
d) I en separat skål, sikta ihop kakmjölet, bakpulvret och saltet.
e) Tillsätt gradvis de torra ingredienserna till de våta ingredienserna, blanda tills det är slätt och väl sammansatt.
f) I en annan ren blandningsskål, vispa äggvitan tills den blir skum. Tillsätt gradvis det återstående sockret och fortsätt vispa tills det bildas styva toppar.
g) Vänd försiktigt ner den vispade äggvitan i smeten tills det inte finns några ränder kvar.
h) Fördela smeten jämnt mellan muffinsfodren, fyll var och en cirka två tredjedelar.
i) Grädda i 15-18 minuter, eller tills en tandpetare som sticks in i mitten av en cupcake kommer ut ren.
j) Ta ut ur ugnen och låt cupcakes svalna i formen i några minuter innan du överför dem till ett galler för att svalna helt.
k) När de svalnat kan du valfritt pudra cupcakes med matchapulver eller toppa dem med matcha-smakad grädde för garnering.

9.Coconut Chiffong Cupcakes

INGREDIENSER:
- 4 stora ägg, separerade
- 1/2 kopp strösocker
- 1/4 kopp vegetabilisk olja
- 1/4 kopp kokosmjölk
- 1 tsk vaniljextrakt
- 1/2 dl riven kokos
- 1 dl kakmjöl
- 1 tsk bakpulver
- 1/4 tsk salt

INSTRUKTIONER:
a) Värm ugnen till 325°F (160°C). Klä en muffinsform med muffinsfodral.
b) Vispa äggulorna med hälften av sockret i en stor bunke tills det blir blekt och tjockt. Tillsätt gradvis vegetabilisk olja, kokosmjölk och vaniljextrakt, blanda tills det är väl kombinerat.
c) Rör ner den rivna kokosen tills den är jämnt fördelad.
d) I en separat skål, sikta ihop kakmjölet, bakpulvret och saltet.
e) Tillsätt gradvis de torra ingredienserna till de våta ingredienserna, blanda tills det är slätt och väl sammansatt.
f) I en annan ren blandningsskål, vispa äggvitan tills den blir skum. Tillsätt gradvis det återstående sockret och fortsätt vispa tills det bildas styva toppar.
g) Vänd försiktigt ner den vispade äggvitan i smeten tills det inte finns några ränder kvar.
h) Fördela smeten jämnt mellan muffinsfodren, fyll var och en cirka två tredjedelar.
i) Grädda i 15-18 minuter, eller tills en tandpetare som sticks in i mitten av en cupcake kommer ut ren.
j) Ta ut ur ugnen och låt cupcakes svalna i formen i några minuter innan du överför dem till ett galler för att svalna helt.
k) När de svalnat kan du valfritt toppa cupcakes med kokosvispad grädde och rostade kokosflingor för garnering.

10. Vaniljböna chiffongcupcakes

INGREDIENSER:
- 4 stora ägg, separerade
- 1/2 kopp strösocker
- 1/4 kopp vegetabilisk olja
- 1/4 kopp mjölk
- 1 tsk vaniljextrakt
- Frön från 1 vaniljstång
- 1 dl kakmjöl
- 1 tsk bakpulver
- 1/4 tsk salt

INSTRUKTIONER:
a) Värm ugnen till 325°F (160°C). Klä en muffinsform med muffinsfodral.
b) Vispa äggulorna med hälften av sockret i en stor bunke tills det blir blekt och tjockt. Tillsätt gradvis vegetabilisk olja, mjölk, vaniljextrakt och frön från vaniljstången, blanda tills det är väl kombinerat.
c) I en separat skål, sikta ihop kakmjölet, bakpulvret och saltet.
d) Tillsätt gradvis de torra ingredienserna till de våta ingredienserna, blanda tills det är slätt och väl sammansatt.
e) I en annan ren blandningsskål, vispa äggvitan tills den blir skum. Tillsätt gradvis det återstående sockret och fortsätt vispa tills det bildas styva toppar.
f) Vänd försiktigt ner den vispade äggvitan i smeten tills det inte finns några ränder kvar.
g) Fördela smeten jämnt mellan muffinsfodren, fyll var och en cirka två tredjedelar.
h) Grädda i 15-18 minuter, eller tills en tandpetare som sticks in i mitten av en cupcake kommer ut ren.

11.Lavendel honung chiffong cupcakes

INGREDIENSER:
- 1 1/2 dl kakmjöl
- 1 kopp strösocker
- 1 1/2 tsk bakpulver
- 1/2 tsk salt
- 1/2 kopp vegetabilisk olja
- 5 stora äggulor
- 3/4 kopp helmjölk
- 1 matsked torkade kulinariska lavendelblommor
- 1/4 kopp honung
- 5 stora äggvitor
- 1/4 tsk grädde av tandsten

INSTRUKTIONER:
a) Värm ugnen till 325°F (160°C). Klä muffinsformarna med muffinsfodral.
b) Värm mjölken i en liten kastrull tills den är varm. Ta bort från värmen och tillsätt de torkade lavendelblommorna. Låt dra i 10-15 minuter, sila sedan av mjölken för att få bort lavendeln.
c) Vispa ihop kakmjöl, socker, bakpulver och salt i en stor bunke.
d) Gör en brunn i mitten av de torra ingredienserna och tillsätt vegetabilisk olja, äggulor, lavendelinfunderad mjölk och honung. Blanda tills det är slätt.
e) I en separat ren blandningsskål, vispa äggvitan och grädden av tartar tills det bildas styva toppar.
f) Vänd försiktigt ner den vispade äggvitan i smeten tills den precis blandas.
g) Fördela smeten jämnt mellan de förberedda muffinsfodren, fyll var och en till cirka 3/4.
h) Grädda i 18-20 minuter eller tills en tandpetare som sticks in i mitten kommer ut ren.
i) Ta ut ur ugnen och låt cupcakes svalna helt på galler innan servering.

12. Pistage Rosewater Chiffong Cupcakes

INGREDIENSER:
- 1 1/2 dl kakmjöl
- 1 kopp strösocker
- 1 1/2 tsk bakpulver
- 1/2 tsk salt
- 1/2 kopp vegetabilisk olja
- 5 stora äggulor
- 3/4 kopp helmjölk
- 1/2 dl skalade pistagenötter, finmalda
- 1 tsk rosenvatten
- 5 stora äggvitor
- 1/4 tsk grädde av tandsten

INSTRUKTIONER:
a) Värm ugnen till 325°F (160°C). Klä muffinsformarna med muffinsfodral.
b) Pulsera de skalade pistagenötterna i en matberedare tills de är finmalda.
c) I en stor bunke, vispa ihop kakmjöl, socker, bakpulver, salt och malda pistagenötter.
d) Gör en brunn i mitten av de torra ingredienserna och tillsätt vegetabilisk olja, äggulor, helmjölk och rosenvatten. Blanda tills det är slätt.
e) I en separat ren blandningsskål, vispa äggvitan och grädden av tartar tills det bildas styva toppar.
f) Vänd försiktigt ner den vispade äggvitan i smeten tills den precis blandas.
g) Fördela smeten jämnt mellan de förberedda muffinsfodren, fyll var och en till cirka 3/4.
h) Grädda i 18-20 minuter eller tills en tandpetare som sticks in i mitten kommer ut ren.
i) Ta ut ur ugnen och låt cupcakes svalna helt på galler innan servering.

13. Earl Grey Tea Chiffong Cupcakes

INGREDIENSER:
- 1 1/2 dl kakmjöl
- 1 kopp strösocker
- 1 1/2 tsk bakpulver
- 1/2 tsk salt
- 1/2 kopp vegetabilisk olja
- 5 stora äggulor
- 3/4 kopp helmjölk
- 2 msk lösa Earl Grey teblad
- 5 stora äggvitor
- 1/4 tsk grädde av tandsten

INSTRUKTIONER:
a) Värm ugnen till 325°F (160°C). Klä muffinsformarna med muffinsfodral.
b) Värm mjölken i en liten kastrull tills den är varm. Ta bort från värmen och tillsätt de lösa Earl Grey tebladen. Låt dra i 10-15 minuter, sila sedan av mjölken för att ta bort tebladen.
c) Vispa ihop kakmjöl, socker, bakpulver och salt i en stor bunke.
d) Gör en brunn i mitten av de torra ingredienserna och tillsätt vegetabilisk olja, äggulor, Earl Grey-infunderad mjölk. Blanda tills det är slätt.
e) I en separat ren blandningsskål, vispa äggvitan och grädden av tartar tills det bildas styva toppar.
f) Vänd försiktigt ner den vispade äggvitan i smeten tills den precis blandas.
g) Fördela smeten jämnt mellan de förberedda muffinsfodren, fyll var och en till cirka 3/4.
h) Grädda i 18-20 minuter eller tills en tandpetare som sticks in i mitten kommer ut ren.
i) Ta ut ur ugnen och låt cupcakes svalna helt på galler innan servering.

CHIFFONGPAJER

14. Hallon chiffongpaj

INGREDIENSER:
- 1 pajskal
- 2 koppar tung grädde
- 6 uns färskost, mjukad
- 2 tsk vaniljextrakt
- 10 uns hallon frukt spridning
- Hallon (valfritt, för garnering)
- Myntablad (valfritt, för garnering)

INSTRUKTIONER:

a) Värm ugnen till 375°F. Kavla ut degen till en 11" cirkel och klä en 9" pajform. Klipp och räffla kanterna; sticka botten och sidorna med en gaffel. Grädda i 15 minuter eller tills de är gyllenbruna. Kyl helt på galler.

b) I en liten skål, vispa grädden på hög tills styva toppar bildas; avsätta.

c) I en medelstor skål, kombinera färskost och vanilj; vispa tills det är ljust och fluffigt. Blanda i hallonfruktspreaden, skrapa sidorna av skålen ofta.

d) Reserv ½ kopp vispad grädde för garnering; vänd ner den återstående vispade grädden i färskostblandningen tills inga vita strimmor finns kvar.

e) Fördela blandningen jämnt i det avsvalnade pajskalet. Kyl i minst 2 timmar.

f) Strax före servering, skeda den reserverade vispgrädden runt kanten på pajen.

g) Garnera med hallon och färska myntablad om så önskas.

15. Äppelpaj med kanel chiffong

Gör: 1 portion

INGREDIENSER:
- 3 ägg, separerade
- ¼ kopp vatten
- 1 Env Unflavored Gelatin
- 2 msk röda kanelgodisar
- 1½ kopp äppelmos
- 2 matskedar socker
- 1 9 tums pajskal, bakat

INSTRUKTIONER:
a) Vispa äggulor med vatten i en medelstor kastrull. Strö gelatin i en kastrull och låt stå i 1 min. Tillsätt godis och äppelmos.
b) Rör om på låg värme tills gelatinet är upplöst, ca 5 minuter. Häll i en stor skål och kyl, rör om då och då, tills blandningen hopar sig något när den tappas från en sked.
c) I en stor skål, vispa äggvitor tills mjuka toppar bildas; tillsätt socker gradvis och vispa tills det blir hårt. Vänd ner i gelatinblandningen. Vänd till beredd skorpa och kyl tills den är fast.

16.Chiffongpaj med svart körsbär

INGREDIENSER:
- 2 burkar (1 pund) urkärnade svarta körsbär
- 1 tsk gelatin utan smak
- 4 ägg, separerade
- ¼ tesked salt
- ½ kopp socker
- 1 tsk citronsaft
- 9-tums bakade bakverk eller smulskorpa
- Rostade mandlar till garnering

INSTRUKTIONER:
a) Låt rinna av och hacka de svarta körsbären, spara saften. Mjuka upp gelatinet i ¼ kopp körsbärsjuice.
b) Vispa ihop äggulor, socker, salt, citronsaft och ½ kopp körsbärsjuice i en skål. Rör blandningen över kokande vatten tills den tjocknar.
c) Vänd ner det mjukade gelatinet och de hackade körsbären. Kyl blandningen tills den blir tjock och sirapslik.
d) Vispa äggvitorna i en separat skål tills det bildas styva toppar. Vänd försiktigt ner den vispade äggvitan i körsbärsblandningen.
e) Häll den kombinerade blandningen i den bakade degen eller smulskorpan.
f) Kyl pajen tills den stelnar, cirka 3 timmar.
g) Servera pajen garnerad med rostad mandel.

17.Butterscotch Chiffong Paj

INGREDIENSER:
- 1 msk gelatin utan smak
- ¼ kopp kallt vatten
- 3 ägg; separerat
- 1 kopp farinsocker
- ¼ tesked salt
- 1 kopp fjällmjölk
- 1 tsk vanilj
- 1½ koppar tung grädde; dividerat
- 9-tums bakat pajskal; ELLER valnötssmula (se nedan)

VALNÖTSMULSKORPA:
- 1 kopp malda valnötter
- 1 tsk socker
- ¼ kopp vaniljrån smulor

INSTRUKTIONER:
a) Mjuka upp gelatinet i vatten.
b) I en tjock kastrull, blanda välvispade äggulor med farinsocker, salt och mjölk. Koka blandningen under konstant omrörning tills den tjocknar något.
c) Tillsätt uppmjukat gelatin till blandningen och rör tills det löst sig. Kyl blandningen tills den tjocknar.
d) Vispa äggvitorna hårt men inte torrt. Rör ner vanilj och äggvita i den kylda gelatinblandningen.
e) Tillsätt 1 kopp vispad grädde till blandningen. Vänd den kombinerade blandningen i det bakade pajskalet.
f) Kyl pajen i flera timmar.
g) När du är redo att servera, vispa den återstående ½ koppen tjock grädde tills den blir styv. Dekorera kanten på pajen med klick vispad grädde.

VALNÖTSMULSKORPA:
h) Blanda malda valnötter med socker och vaniljsmulor i en skål.
i) Tryck fast blandningen ordentligt på botten och sidorna av en 9-tums pajform.

18.Chiffongsylt avskumpaj

INGREDIENSER:
- 1½ till 2 koppar avskum från sylttillverkning
- 12 uns Cool Whip eller motsvarande
- 1 Graham Cracker skorpa
- Frukt från sylten (till garnering)

INSTRUKTIONER:
a) Blanda det kylda syltavskummet och kartongen Cool Whip.
b) Häll blandningen i graham cracker crust.
c) Garnera pajen med lite av frukten som sylten gjordes av.
d) Kyl pajen i 2 timmar.
e) Servera och njut.

19. Pumpa Chiffong Paj

INGREDIENSER:
- 1 kuvert Knox Unflavored Gelatine
- ¾ kopp mörkt farinsocker, fast förpackat
- ½ tsk salt
- ½ tsk Muskotnöt
- 1 tsk kanel
- ½ kopp mjölk
- ¼ kopp vatten
- 3 äggulor
- 1½ koppar konserverad pumpa
- 3 äggvitor, vispad hårt
- ¼ kopp socker
- 1 bakat 9-tums pajskal

INSTRUKTIONER:
a) 5 ingredienserna i toppen av en dubbelpanna.
b) Rör ner mjölk, vatten, äggulor och konserverad pumpa. Blanda väl.
c) Lägg över kokande vatten. Koka, under konstant omrörning, tills gelatinet löst sig och blandningen är genomvärmd , cirka 10 minuter.
d) Avlägsna från värme. Kyl tills blandningen hopar sig när den tappas från en sked.
e) Vispa äggvitorna hårt, vispa sedan i socker. Vänd ner äggviteblandningen i den kylda gelatinblandningen.
f) Vänd den kombinerade blandningen i det bakade 9-tums pajskalet.
g) För 9-tums pajskalet: Rulla en 12-tums cirkel av konditorivaror på en 14-tums fyrkant av Kaiser Broiling Foil. Lyft upp folie och bakverk i pajfatet, lägg försiktigt på plåten och räfsa bakverkets kant. Nagga botten och sidorna av degen. Grädda i 10 minuter vid 450°F eller tills den är jämnbrun (folie förhindrar överbruning). Häftigt.
h) Häll fyllningen i skalet, slå in löst i folie och ställ i kylen över natten.
i) Servera kyld och garnera med vispgrädde om så önskas.
j) Njut av din lätta och läckra pumpa chiffongpaj! Perfekt för en semesterdessert efter en stor middag.

20.Äggnog Chiffongpaj

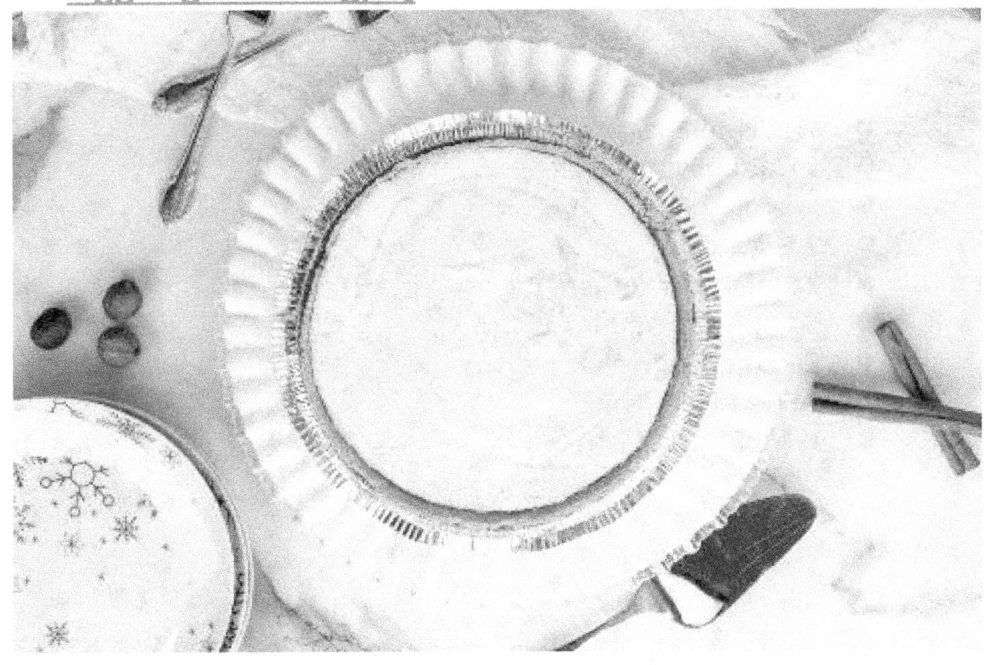

INGREDIENSER:
- Bakat bakverk skal
- ¼ kopp socker
- 1 kuvert smaklös gelatin
- 1½ dl Mejeriäggnog
- 2 Lätt uppvispade äggulor
- ¼ kopp rom
- 2 äggvitor
- 2 matskedar socker
- ¾ kopp vispgrädde
- Caramel Filigree (se nedan)

CARAMELL FILIGREE:
- ½ kopp socker

INSTRUKTIONER:
a) För fyllningen, kombinera socker och gelatin i en medelstor kastrull. Tillsätt äggvita och äggulor. Koka och rör om tills sockret och gelatinet löser sig och blandningen tjocknar något och bubblar.
b) Kyl i 10 minuter; rör ner rom. Kyl tills konsistensen av majssirap, rör om då och då. Ta bort från kylen; låt stå tills delvis stelnat (konsistens av ovispad äggvita).
c) I en stor mixerskål, vispa äggvitan tills mjuka toppar bildas (topparna krullar). Tillsätt gradvis de återstående 2 msk socker, vispa tills styva toppar bildas (spetsarna står raka).
d) Vänd ner äggvitan i gelatinblandningen. Vispa vispgrädden tills mjuka toppar bildas. Vänd ner grädden i äggsmeten.
e) Kyl tills blandningen hopar sig när den sked; stapla i det bakade bakverksskalet. Kyl i flera timmar eller tills den stelnat.
f) Ca 1 timme före servering, förbered Caramel Filigree.

CARAMELL FILIGREE:
g) I en tung 1-liters kastrull, värm ½ kopp socker över medelhög värme utan att röra om.
h) När sockret börjar smälta, värm upp och rör hela tiden tills blandningen är nästan medelstor karamellfärg (sirapen kommer att mörkna efter att ha tagits bort från värmen).
i) Rör ner några droppar varmt vatten. Låt stå i 1 minut.
j) Använd en sked och ringla snabbt det karamelliserade sockret över toppen av pajen tills en väv av karamell har byggts upp.

21.Fruktcocktail Chiffongpaj

INGREDIENSER:
- 1 förpackning (8 ounces) Philadelphia fettfri färskost
- 1 förpackning (4 portioner) Jell-O sockerfri instant vaniljpuddingmix
- ⅓ kopp Carnation fettfritt torrmjölkspulver
- 1 kopp vatten
- 1 kopp Cool Whip Lite
- 1 burk (16 uns) fruktcocktail, packad i juicen, avrunnen
- 1 6-ounce Keebler graham-cracker pajskal

INSTRUKTIONER:
a) I en stor mixerskål, rör färskosten med en sked tills den är mjuk.
b) Tillsätt den torra puddingblandningen, torrt mjölkpulver och vatten. Blanda väl med en trådvisp.
c) Vik in ½ kopp Cool Whip Lite.
d) Tillsätt den avrunna fruktcocktailen. Blanda försiktigt för att kombinera.
e) Häll blandningen i graham-cracker pajskalet .
f) Ställ i kyl tills den ska serveras.
g) Vid servering toppar du varje bit med 1 msk Cool Whip Lite.
h) Njut av din lätta och härliga Fruit Cocktail Chiffongpaj!

22. Guava chiffongpaj

INGREDIENSER:
FLAIG BAGSKAL:
- 1 kopp mjöl
- ¼ tesked salt
- ¼ kopp förkortning
- ¼ kopp smör (kallt)
- Kallt vatten (efter behov)

FYLLNING:
- 1 kuvert smaklös gelatin
- 1 msk citronsaft
- 4 ägg; separerat
- 1 kopp Guava juice
- ¾ kopp socker
- Några droppar röd matfärg
- ⅛ tesked Grädde av tandsten

GARNERING:
- Sötad vispgrädde
- Guava skivor

INSTRUKTIONER:
FLAIG BAGSKAL:
a) Blanda mjöl och salt. Skär i matfett och smör tills klumpar är ärtstora.
b) Tillsätt vatten och rör tills blandningen är fuktad. Tryck till en boll och kyl i 45 minuter.
c) Kavla ut på en mjölad bräda med en väl mjölad eller slätstruken kavel. Överför försiktigt degen till en 9-tums pajplatta. Pierce är över med en gaffel.
d) Grädda i 400°F i 15 minuter. Häftigt.

FYLLNING:
e) Mjuka upp gelatinet i citronsaft och ställ åt sidan.
f) I en kastrull, kombinera äggulor, guavajuice och ½ kopp socker. Tillsätt några droppar röd matfärg.
g) Koka och rör på medelvärme tills blandningen tjocknar.
h) Tillsätt gelatinblandningen och rör om tills den smält. Kyl blandningen tills den når konsistensen av ovispad äggvita.

i) Vispa ihop äggvita och grädde av tartar tills det bildas mjuka toppar. Tillsätt gradvis ¼ kopp socker och vispa tills det bildas styva toppar.
j) Vänd ner gelatinblandningen och häll i det bakade bakverksskalet. Kyla.

GARNERING:
k) Toppa med sötad vispgrädde.
l) Garnera med guavaskivor.
m) Njut av din uppfriskande Guava Chiffongpaj!

23.Key Lime Chiffong Paj

INGREDIENSER:
KOKOSNÖTSSKAL:
- 2 koppar riven kokos, rostad
- ¼ kopp farinsocker
- ½ kopp smör, smält

FYLLNINGSSIRAPER:
- ⅓ kopp Reserverad limesirap
- 1 förpackning smaklöst gelatin
- ⅓ kopp färsk limejuice
- ½ kopp socker, delat
- 2 ägg, separerade
- 1 kopp vatten
- ½ kopp socker
- ¼ kopp limeskal (zest), finskurna strimlor
- 5 droppar matfärg (grön), valfritt

GRÄDDE:
- 1 dl vispgrädde
- 1 tsk vanilj

INSTRUKTIONER:
KOKOSNÖTSSKAL:
a) Blanda strimlad kokos, farinsocker och smält smör i en skål.
b) Tryck fast blandningen i en 9-tums (20 cm) smord pajform. Kyl tills den stelnar.

ATT GÖRA SIRAPS:
c) Blanda vatten och socker i en kastrull. Värm för att sjuda.
d) Rör ner limeskal och låt sjuda i 30 minuter. Sila, spara sirap och limeskal.

FÖR FYLLNING:
e) Värm ⅓ kopp (75 ml) sirap i en kastrull.
f) Ta kastrullen från värmen och strö över gelatin, låt den mjukna i 1 minut. Rör sedan i limejuice, ¼ kopp (50 ml) socker, 2 äggulor och matfärg om så önskas.
g) Placera på låg värme, rör hela tiden tills blandningen är tjock och skum, ca 5 minuter.
h) Ta bort från värmen och kyl till rumstemperatur.

i) Vispa äggvita och 2 matskedar (25 ml) av det återstående sockret tills det bildas styva toppar.
j) Vänd ner limekräddblandningen i äggvitan.
k) Vispa grädde med de återstående 2 msk (25 ml) sockret och garnera med reserverat kanderat limeskal.
l) Kyl några timmar innan servering.
m) Njut av din uppfriskande och syrliga Key Lime Chiffong Pie!

24.Macadamia chiffongpaj

INGREDIENSER:

- 1½ dl Finhackade macadamianötter
- ¼ kopp kallt vatten
- 2 tsk gelatin utan smak
- 4 äggulor
- ½ kopp socker
- ½ kopp kokande vatten
- 5 matskedar Mörk rom
- 1 tsk citronskal
- 4 äggvitor
- Nypa salt
- 1 pajskal, kort skorpa, 10"
- ½ kopp Kraftig grädde, kyld
- 2 matskedar Superfint socker

INSTRUKTIONER:

a) Häll ¼ kopp kallt vatten i ett värmebeständigt glasmått, strö över gelatinet och låt det mjukna i 2-3 minuter. Ställ koppen i en stekpanna med sjudande vatten och rör om gelatinet på låg värme tills det löser sig. Ta kastrullen från värmen, men låt koppen stå kvar för att hålla gelatinet varmt.

b) Vispa äggulorna tills de är väl blandade med en visp eller elvisp.

c) Tillsätt långsamt ¼ kopp av det vanliga sockret och fortsätt vispa tills äggulorna är tillräckligt tjocka för att falla i ett band när vispen lyfts ur skålen.

d) Vispa konstant, häll i det kokande vattnet i en tunn stråle och häll sedan blandningen i en 1½ till 2-quarts emaljerad eller rostfri kastrull. Rör om på låg värme tills det tjocknar till en vaniljsås som är tillräckligt tung för att täcka skeden. Låt inte vaniljsås koka, då kan den kura ihop sig.

e) Ta kastrullen från värmen och rör ner det lösta gelatinet, sila sedan vaniljsås genom en fin sil över en djup skål och tillsätt 3 msk av romen och citronskalet. Låt vaniljsåsen svalna till rumstemperatur, rör om då och då för att förhindra att den stelnar.

f) I en separat skål, vispa äggvita och salt med en ren visp eller visp tills de är skummande. Strö över det återstående vanliga sockret och fortsätt vispa tills vitorna bildar toppar.
g) Rör ner cirka ¼ av vitorna i vaniljsåsen, häll den sedan över de återstående äggvitorna och vänd ihop med en spatel.
h) Vik i 1¼ koppar av nötterna, häll chiffongblandningen i pajskalet och jämna till toppen med spateln. Kyl till servering.
i) Precis innan servering, vispa den tunga grädden med en trådvisp eller mixer tills den tjocknar. Tillsätt det superfina sockret och de återstående 2 msk rom. Fortsätt vispa tills krämen är stel.
j) Bred ut grädden över pajen med en spatel och strö över resten av nötterna.

25.Chiffongpaj med apelsinblommor

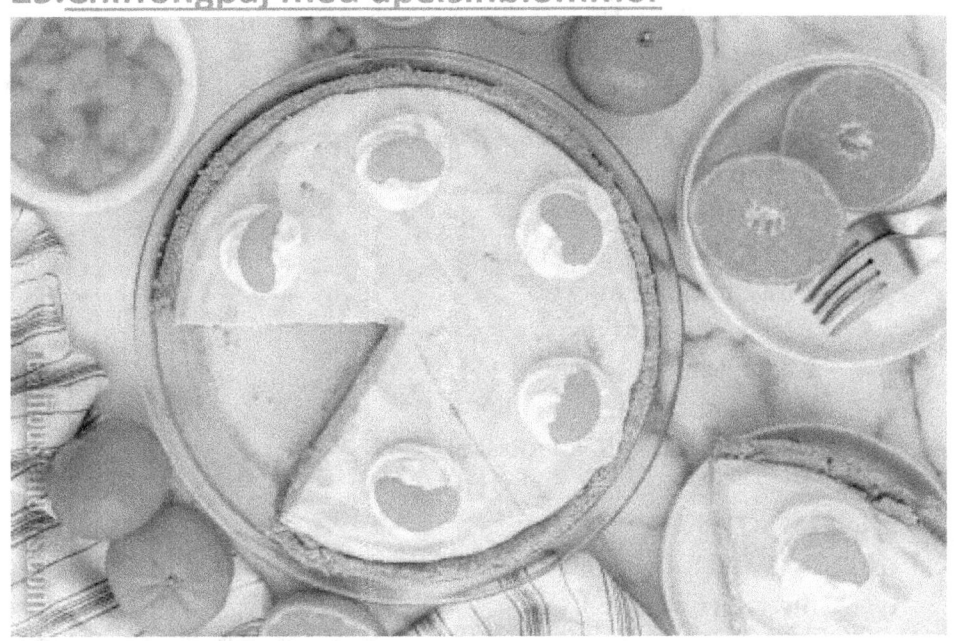

INGREDIENSER:
- 6 uns Fryst apelsinjuicekoncentrat, delvis tinat
- ⅓ kopp kallt vatten
- 1 kuvert smaklös gelatin
- 2 äggulor
- 1 kopp vatten
- ¼ tesked salt
- 1 kopp tung grädde, kyld
- 2 msk Konditorsocker
- 1 tsk vaniljextrakt
- 2 äggvitor
- ¼ kopp socker
- 1 9-tums bakat bakverksskal

INSTRUKTIONER:
a) Strö gelatin över kallt vatten på toppen av en dubbelpanna för att mjukna.
b) Vispa ihop äggulor, resterande vatten och salt. Blanda i gelatin.
c) Koka över kokande vatten under konstant omrörning tills gelatinet lösts upp och blandningen tjocknat något, cirka 5 minuter.
d) Ta genast bort från värmen, tillsätt apelsinjuicekoncentrat och rör om tills det blandas. Kyl, rör om ibland, tills blandningen hopar sig när den tappas från en sked (eller kyl över is och vatten, rör om ofta).
e) Vispa under tiden grädden tills mjuka toppar bildas. Med de sista slagen, slå i konditorsocker och vaniljextrakt; ställ in i kylen.
f) Använd en ren visp och vispa äggvitan tills den blir skum. Tillsätt gradvis strösocker, fortsätt att vispa tills rundade toppar bildas.
g) Vänd ner gelatinblandningen och sedan den vispade grädden. Vänd den till ett bakat bakverksskal. Använd baksidan av en sked och snurra toppen.
h) Kyl ordentligt. Dekorera pajen med apelsinsnitt och bakverk om så önskas.

26.Peachy Chiffong Paj

INGREDIENSER:
- 1 kuvert med gelatin utan smak
- 1¼ kopp Dr Pepper
- ¼ tesked salt
- ½ kopp socker
- 3 ägg; separerat
- 1 msk citronsaft
- ¼ kopp socker
- 1¼ kopp konserverade persikor; skivad och tärnad
- 1 9-tums pajskal

INSTRUKTIONER:
a) Kombinera gelatin med Dr Pepper. Avsätta.
b) Kombinera salt, ½ kopp socker och vispade äggulor i toppen av en dubbelkokare. Rör ner gelatinblandningen.
c) Koka och rör om över hett vatten tills det tjocknat något.
d) Tillsätt citronsaft. Kyl tills det är delvis stelnat, rör om då och då.
e) Vispa äggvitan tills den blir skum. Tillsätt ¼ kopp socker gradvis, vispa tills styva toppar bildas.
f) Vänd ner gelatinblandningen; vik sedan i persikor.
g) Kyl tills blandningen hopar sig när den tappas från en sked.
h) Häll upp i ett kallt pajskal.
i) Kyl tills den stelnar.
j) Servera vanlig eller garnerad med vispad grädde och ytterligare skivade persikor.

27. Chiffongpaj med jordnötssmör

INGREDIENSER:
- ½ kopp socker
- 2 tsk gelatin utan smak
- ½ tsk Muskotnöt
- ¼ tesked salt
- 1 kopp vatten
- ½ kopp jordnötssmör
- 2 äggulor, lätt vispade
- 1 tsk vanilj
- 2 äggvitor
- 2 matskedar socker
- ½ kopp vispgrädde
- 1 helt mogen banan (valfritt)
- 1 9" bakat bakverksskal, kylt

INSTRUKTIONER:
a) Blanda de första 4 ingredienserna.
b) Tillsätt långsamt vatten till jordnötssmör. Blanda tills det är slätt; rör ner äggulorna.
c) Tillsätt gelatinblandningen. Kyl och rör om tills blandningen tjocknar något. Tillsätt vanilj och kyl tills det stelnat delvis.
d) Vispa äggvitor till mjuka toppar, tillsätt 2 matskedar socker, vispa till styva toppar; vänd ner i den första blandningen.
e) Vispa grädden hårt och vänd ner i pajblandningen.
f) Skiva bananen, om så önskas, i bakverksskalet och toppa med fyllningen.
g) Garnera med klumpar av vispgrädde med en skiva banan i varje klot.

CHIFFONG OSTKAKA

28.No-Bake Ananas Chiffong Cheesecake

INGREDIENSER:
- 1 ½ dl grahamssmulor
- ¼ kopp osaltat smör, smält
- 8 uns lätt färskost, mjukad
- ½ kopp strösocker
- 1 burk (20 uns) krossad ananas, avrunnen
- 1 kopp vispad topping (som Cool Whip eller hemgjord vispgrädde)

INSTRUKTIONER:

a) I en mixerskål, kombinera grahamssmulor och smält smör. Rör om tills smulorna är jämnt täckta .

b) Tryck ut blandningen i botten av en smord eller fodrad 9-tums pajform för att bilda skorpan. Ställ in i kylen för att kyla medan du förbereder fyllningen.

c) Vispa lätt färskost och strösocker i en separat blandningsskål tills den är slät och krämig.

d) Vänd ner den avrunna krossade ananasen och den vispade toppingen tills den är väl blandad.

e) Häll fyllningen över den beredda skorpan, fördela den jämnt.

f) Kyl cheesecaken i minst 4 timmar eller tills den stelnat.

g) Skiva och njut av denna lätta och uppfriskande ostkaka med ananas chiffong utan bakning!

29. No-Bake Aprikos Chiffong Cheesecake

INGREDIENSER:

- 2 koppar graham cracker smulor
- ½ kopp osaltat smör, smält
- 1 (8-ounce) paket färskost, mjukad
- ½ kopp strösocker
- 1 tsk vaniljextrakt
- 1 kopp tung grädde, vispad
- 1 kopp aprikoskonserver
- 1 msk gelatin
- ¼ kopp vatten

INSTRUKTIONER:

a) Följ steg 1-6 från det föregående receptet för att förbereda graham cracker crust och cream cheese fyllningen.
b) I en liten mikrovågssäker skål, strö gelatinet över vattnet och låt det sitta i 5 minuter för att mjukna.
c) Mikrovågsugn gelatinblandningen i cirka 20 sekunder eller tills gelatinet är helt upplöst. Låt den svalna något.
d) Vispa grädden i en separat skål tills mjuka toppar bildas.
e) Vänd försiktigt ner den vispade grädden i färskostblandningen.
f) Häll gradvis den avsvalnade gelatinblandningen i färskostblandningen medan du hela tiden viker.
g) Fördela aprikoskonserveringen över grahamsbrödet.
h) Häll färskostblandningen över sylten, fördela det jämnt.
i) Täck pannan med plastfolie och ställ i kylen i minst 4 timmar eller över natten för att stelna.
j) När den har stelnat tar du bort sidorna av springformen och skivar cheesecaken för servering.

30.Citron Chiffong Cherry Cheesecake

INGREDIENSER:
SKORPA:
- ¼ kopp graham cracker smulor

FYLLNING:
- 3 uns citrongelatinpulver
- ⅔ kopp kokande vatten
- 1½ dl keso med låg fetthalt
- 4 uns fettfri färskost
- 1 förpackning vispad grädde, lätt

GARNERING:
- 1 burk körsbärspajfyllning (20 ounces)

INSTRUKTIONER:
SKORPA:
a) Strö graham cracker smulor på botten och sidorna av en lätt sprayad 9-tums pajplatta.

FYLLNING:
b) Lös upp gelatin i kokande vatten; häll i en mixer.
c) Tillsätt keso och färskost; omslag.
d) Mixa i cirka tre minuter, skrapa sidorna efter behov.
e) Häll blandningen i en stor skål.
f) Vänd ner vispad grädde i ostblandningen.
g) Kyl tills den stelnat, cirka 5-6 timmar.

GARNERING:
h) Toppa cheesecaken med körsbärspajfyllning.
i) Njut av din förtjusande Citron Chiffong Cherry Cheesecake!

31.Blueberry Chiffong Cheesecake

INGREDIENSER:
- 1 1/2 dl grahamssmulor
- 1/4 kopp strösocker
- 1/2 kopp osaltat smör, smält
- 1 kuvert smaklös gelatin
- 1/4 kopp kallt vatten
- 1 dl färska eller frysta blåbär
- 16 oz färskost, mjukad
- 1/2 kopp strösocker
- 1 tsk vaniljextrakt
- 1 kopp tung grädde, vispad

INSTRUKTIONER:
a) I en skål, blanda ihop grahamssmulor, strösocker och smält smör tills det blandas. Tryck ut blandningen i botten av en 9-tums springform. Kyl i kylen medan du förbereder fyllningen.
b) Strö gelatin över kallt vatten i en liten kastrull och låt stå i 1 minut. Värm på låg värme, rör om tills gelatinet är helt upplöst. Ta bort från värmen och låt svalna något.
c) Mosa blåbären i en mixer eller matberedare tills de är jämna. Sila purén genom en finmaskig sil för att ta bort fröna.
d) Vispa färskost i en bunke tills den är slät. Tillsätt strösocker och vaniljextrakt och blanda tills det är väl blandat.
e) Tillsätt gradvis blåbärspuré till färskostblandningen, vispa tills den är slät.
f) Vänd ner den vispade grädden tills den är väl integrerad.
g) Häll gradvis gelatinblandningen i blåbärsblandningen, rör hela tiden tills den blandas.
h) Häll fyllningen över den beredda skorpan och fördela den jämnt. Kyl i kylen i minst 4 timmar eller tills den stelnat.
i) När den stelnat tar du försiktigt bort cheesecaken från springformen. Servera kyld och garnera med färska blåbär om så önskas.

32.Ananas Chiffong Cheesecake

INGREDIENSER:
SKORPA:
- 1 kopp Grahamsmulor
- 1 matsked Tub margarin
- 1 msk Lätt majssirap
- ½ matsked vatten

FYLLNING:
- ¼ kopp kallt vatten
- ¼ kopp Instant NF torrmjölk
- 20 uns Konserverad krossad ananas, odränerad
- 1 pack PLUS 1 tsk Osmaksatt gelatin
- ¾ kopp PLUS 2 matskedar socker
- 3 matskedar citronsaft
- 1½ tsk vanilj
- ¾ tesked Finrivet citronskal
- 6 uns LF färskost, i tärningar, rumstemp.
- ¾ kopp NF vanlig yoghurt

INSTRUKTIONER:
a) I en matberedare, kombinera grahamssmulor och margarin, blanda lätt genom att pulsera.

b) I en liten kopp, rör ihop majssirap och vatten tills det är väl blandat. Häll över smulor och pulsera igen tills det är väl blandat och håller ihop (tillsätt några droppar vatten om det är för torrt). Tryck ner i botten av en sprejad 9" springform och grädda i 350F i 7-10 minuter tills den är fast och lätt nyanserad. Kyl på galler.

c) I en liten skål, vispa gradvis vatten i torr mjölk tills det är slätt. Kyl i frysen i 40-50 minuter tills den är frusen men inte helt hård (om blandningen fryser hårt, bryt upp med en sked och ställ åt sidan tills den mjuknat bara något).

d) Häll av vätskan från ananasen i en liten kastrull, spara ananasen. Strö gelatinet över saften. Låt stå i 5 minuter, eller tills det mjuknat. Sätt på medelvärme och rör hela tiden tills blandningen är varm och gelatinet löst sig. Ställ åt sidan och rör om då och då för att förhindra att den sätter sig.

e) Blanda socker, citronsaft, vanilj och skal i matberedaren och bearbeta tills det är väl blandat . Med maskinen igång, häll i färskost och mixa tills den är slät. Rör ner ananas och ställ åt sidan.
f) Överför fryst mjölk till en stor blandningsskål. Vispa med en mixer på hög i 5-7 minuter till mjuka toppar. (Ha tålamod)
g) Rör ner yoghurt i gelatinblandningen tills den är slät. Tillsätt omedelbart till vispad mjölk och fortsätt vispa i 2 minuter längre. Vispa i färskostblandningen bara tills den är blandad och slät.
h) Häll i skorpan och jämna till ytan. Kyl i minst 1 timme.
i) Ringla över en ananasglasyr.

33.Orange Chiffong Cheesecake

INGREDIENSER:
SKORPA:
- 2 dl Graham cracker smulor
- 1 stick (½ kopp) diet stick margarin, smält

ORANGE FYLLNING:
- 1 kopp apelsinjuice
- 1 kuvert med gelatin utan smak
- 12 uns Lågkalorifärsost (Neufchâtel), mjukad
- 1 kopp Delskum ricottaost
- 12 paket Lika sötningsmedel
- 1 paket lågkalorivispad toppingmix
- ½ kopp skummjölk
- 2 medelstora apelsiner, skalade, kärnade och hackade (cirka 1 kopp hackade apelsinsegment)
- 1 apelsin, skalad och delad för garnering (om så önskas)

INSTRUKTIONER:
SKORPA:
a) Spraya en 9-tums springform med nonstick grönsaksspray.
b) Blanda skorpans ingredienser noggrant och tryck över botten och halvvägs upp på sidorna av pannan.
c) Grädda i en förvärmd 350 graders ugn i 8 till 10 minuter eller tills den stelnat. Häftigt.

ORANGE FYLLNING:
d) Häll apelsinjuice i en liten kastrull. Strö gelatin över apelsinjuice och låt mjukna i 1 minut.
e) Värm under konstant omrörning tills gelatinet löser sig (cirka 3 minuter).
f) Blanda färskost och ricottaost i en stor skål tills det är slätt.
g) Förbered vispad topping enligt anvisningarna på förpackningen, ersätt vatten med mjölk.
h) Vänd ner vispad topping i ostblandningen.
i) Rör ner hackade apelsiner.
j) Skeda fyllningen i den beredda skorpan och fördela den jämnt.
k) Kyl i 6 timmar eller över natten.
l) Garnera med apelsinsnitt, om så önskas.
m) Njut av din läckra Orange Chiffong Cheesecake!

34.Passionsfrukt Chiffong Cheesecake

INGREDIENSER:
FÖR BASEN:
- 1 kopp kexsmulor (scotch fingerkex rekommenderas)
- ¼ kopp kokos
- 80 g Smör, smält

FÖR OSTKAKA:
- 500 g färskost, uppmjukad
- ½ kopp strösocker
- 3 tsk gelatin
- ¼ kopp kokande vatten
- 225 g vita chokladbitar
- ½ kopp passionsfruktmassa
- Skal från 2 limefrukter
- 300 ml förtjockad grädde
- 4 äggvitor
- ¼ kopp strösocker
- ¼ kopp passionsfruktmassa (extra, för duggregn)
- 300 ml förtjockad grädde
- 2 matskedar strösocker

INSTRUKTIONER:
a) Använd en matberedare och skapa 1 kopp kexsmulor genom att bearbeta söta kex.
b) Smörj och klä en 20 cm (8 tum) rund springform med bakplåtspapper.
c) I en stor skål, kombinera kexsmulor, kokos och smält smör. Blanda noggrant.
d) Häll kexsmulorna i botten av bakformen, tryck till jämnt och ställ i kylen.
e) I en separat skål, vispa 300 ml förtjockad grädde tills mjuka toppar bildas. Avsätta.
f) Vispa äggvitan i en liten skål tills mjuka toppar bildas. Avsätta.
g) Smält vit choklad i en skål över en kastrull med kokande vatten. Rör tills det är slätt och helt smält. Ta av från värmen och låt svalna något.

h) I en annan stor skål, vispa färskost och socker tills det är jämnt med hjälp av en elektrisk mixer.
i) Lös upp gelatinet i kokande vatten och tillsätt det, tillsammans med vit choklad och limeskal, till färskostblandningen. Vispa försiktigt för att kombinera.
j) Tillsätt passionsfruktsmassa och blanda försiktigt.
k) Vänd ner den vispade grädden, följt av den vispade äggvitan.
l) Häll blandningen över kexbottnen i bakformen.
m) Kyl och låt stelna i minst 3 timmar (gärna längre).
n) När den stelnat gör du en glasyr genom att värma ¼ kopp passionsfruktsmassa med strösocker i en liten kastrull. Sjud i ca 5 minuter tills det tjocknar. Häftigt.
o) Vispa 300 ml förtjockad grädde och 2 msk strösocker tills det bildas styva toppar.
p) Sprid den vispade grädden över cheesecaken och ringla passionsfruktsglasyren ovanpå.
q) Återgå till kylen för att kyla innan servering.

35.Mango Chiffong Cheesecake

INGREDIENSER:

- 1 1/2 dl grahamssmulor
- 1/4 kopp strösocker
- 1/2 kopp osaltat smör, smält
- 1 kuvert smaklös gelatin
- 1/4 kopp kallt vatten
- 1 dl mangopuré
- 16 oz färskost, mjukad
- 1/2 kopp strösocker
- 1 tsk vaniljextrakt
- 1 kopp tung grädde, vispad

INSTRUKTIONER:

a) I en skål, blanda ihop grahamssmulor, strösocker och smält smör tills det blandas. Tryck ut blandningen i botten av en 9-tums springform. Kyl i kylen medan du förbereder fyllningen.
b) Strö gelatin över kallt vatten i en liten kastrull och låt stå i 1 minut. Värm på låg värme, rör om tills gelatinet är helt upplöst. Ta bort från värmen och låt svalna något.
c) Vispa färskost i en bunke tills den är slät. Tillsätt strösocker och vaniljextrakt och blanda tills det är väl blandat.
d) Tillsätt gradvis mangopuré till färskostblandningen, vispa tills den är slät.
e) Vänd ner den vispade grädden tills den är väl integrerad.
f) Häll gradvis gelatinblandningen i mangoblandningen, rör hela tiden tills den blandas.
g) Häll fyllningen över den beredda skorpan och fördela den jämnt. Kyl i kylen i minst 4 timmar eller tills den stelnat.
h) När den stelnat tar du försiktigt bort cheesecaken från springformen. Servera kyld och garnera med färska mangoskivor om så önskas.

36. Hallon Chiffong Cheesecake

INGREDIENSER:
- 1 1/2 dl grahamssmulor
- 1/4 kopp strösocker
- 1/2 kopp osaltat smör, smält
- 1 kuvert smaklös gelatin
- 1/4 kopp kallt vatten
- 1 dl färska eller frysta hallon
- 16 oz färskost, mjukad
- 1/2 kopp strösocker
- 1 tsk vaniljextrakt
- 1 kopp tung grädde, vispad

INSTRUKTIONER:
a) I en skål, blanda ihop grahamssmulor, strösocker och smält smör tills det blandas. Tryck ut blandningen i botten av en 9-tums springform. Kyl i kylen medan du förbereder fyllningen.
b) Strö gelatin över kallt vatten i en liten kastrull och låt stå i 1 minut. Värm på låg värme, rör om tills gelatinet är helt upplöst. Ta bort från värmen och låt svalna något.
c) Mosa hallonen i en mixer eller matberedare tills de är jämna. Sila purén genom en finmaskig sil för att ta bort fröna.
d) Vispa färskost i en bunke tills den är slät. Tillsätt strösocker och vaniljextrakt och blanda tills det är väl blandat.
e) Tillsätt gradvis hallonpuré till färskostblandningen, vispa tills den är slät.
f) Vänd ner den vispade grädden tills den är väl integrerad.
g) Häll gradvis gelatinblandningen i hallonblandningen, rör hela tiden tills den blandas.
h) Häll fyllningen över den beredda skorpan och fördela den jämnt. Kyl i kylen i minst 4 timmar eller tills den stelnat.
i) När den stelnat tar du försiktigt bort cheesecaken från springformen. Servera kyld och garnera med färska hallon om så önskas.

37. Blackberry Chiffong Cheesecake

INGREDIENSER:
- 1 1/2 dl grahamssmulor
- 1/4 kopp strösocker
- 1/3 kopp osaltat smör, smält
- 1 1/2 dl färska björnbär
- 2 msk citronsaft
- 2 tsk majsstärkelse
- 3 paket (8 uns vardera) färskost, mjukad
- 1 kopp strösocker
- 1 tsk vaniljextrakt
- 1 kopp tung grädde, vispad

INSTRUKTIONER:
a) Värm ugnen till 325°F (160°C). Smörj en 9-tums springform.
b) Blanda ihop grahamssmulor, strösocker och smält smör i en skål. Tryck ut blandningen i botten av den förberedda pannan.
c) I en liten kastrull, kombinera björnbär, citronsaft och majsstärkelse. Koka på medelvärme tills det tjocknat, rör hela tiden. Ta bort från värmen och låt svalna.
d) Vispa färskost, strösocker och vaniljextrakt i en stor blandningsskål tills den är slät.
e) Vänd försiktigt ner den vispade grädden tills den är väl blandad.
f) Fördela hälften av färskostblandningen över den förberedda skorpan.
g) Häll hälften av björnbärsblandningen över färskostlagret och rör runt med en kniv.
h) Upprepa med den återstående färskostblandningen och björnbärsblandningen.
i) Grädda i 45-50 minuter eller tills mitten stelnat.
j) Låt cheesecaken svalna i formen på galler. Kyl i minst 4 timmar eller över natten innan servering.

38. Matcha Chiffong Cheesecake

INGREDIENSER:
FÖR CHIFFONGKAKA:
- 4 stora ägg, separerade
- 1/4 kopp strösocker
- 1/4 kopp vegetabilisk olja
- 1/4 kopp mjölk
- 1 tsk vaniljextrakt
- 1 dl kakmjöl
- 1 msk matchapulver
- 1 tsk bakpulver
- 1/4 tsk salt

FÖR CHEESCAKE-FYLLNING:
- 8 oz färskost, mjukad
- 1/2 kopp strösocker
- 1 tsk matchapulver
- 1 kopp tung grädde, kyld
- 1 tsk vaniljextrakt

INSTRUKTIONER:
a) Värm ugnen till 325°F (160°C). Smörj och fodra botten av en 8-tums rund kakform med bakplåtspapper.
b) Vispa äggulorna med 2 matskedar socker i en stor blandningsskål tills de blir bleka och krämiga. Tillsätt vegetabilisk olja, mjölk och vaniljextrakt och blanda tills det är väl blandat.
c) Sikta ihop kakmjöl, matchapulver, bakpulver och salt. Tillsätt gradvis de torra ingredienserna till ägguleblandningen, blanda tills den är slät.
d) I en separat ren skål, vispa äggvitorna tills skum. Tillsätt gradvis de återstående 2 msk socker och fortsätt att vispa tills det bildas styva toppar.
e) Vänd försiktigt ner den vispade äggvitan i smeten tills det inte finns några ränder kvar.
f) Häll smeten i den förberedda kakformen och jämna till toppen. Grädda i den förvärmda ugnen i 30-35 minuter, eller tills en tandpetare som sticks in i mitten kommer ut ren.
g) Ta ut kakan från ugnen och låt den svalna helt i formen på galler.

h) Medan kakan svalnar förbereder du cheesecakefyllningen. Vispa den mjukgjorda färskosten i en bunke tills den är slät. Tillsätt strösocker och matchapulver och vispa tills det är väl blandat och krämigt.
i) I en annan skål, vispa den kylda tunga grädden med vaniljextrakt tills det bildas styva toppar.
j) Vänd försiktigt ner den vispade grädden i färskostblandningen tills den är slät och väl kombinerad.
k) När chiffongkakan har svalnat helt skär du den försiktigt horisontellt i två lager.
l) Lägg ett lager chiffongkaka på ett serveringsfat eller tårtställ. Bred ut en rejäl mängd av matcha cheesecake-fyllningen över tårtskiktet.
m) Lägg det andra lagret av chiffongkaka ovanpå fyllningen. Bred ut resterande matcha cheesecake fyllning över toppen och sidorna av kakan.
n) Ställ kakan i kylen i minst 4 timmar, eller tills den stelnat.
o) Innan servering kan du pudra toppen av kakan med ytterligare matchapulver för dekoration om så önskas.
p) Skiva och servera matcha chiffong cheesecaken kyld. Njut av!

39.Ingefära Päron Chiffong Cheesecake

INGREDIENSER:
FÖR CHIFFONGKAKA:
- 4 stora ägg, separerade
- 1/4 kopp strösocker
- 1/4 kopp vegetabilisk olja
- 1/4 kopp mjölk
- 1 tsk vaniljextrakt
- 1 dl kakmjöl
- 1 tsk mald ingefära
- 1 tsk bakpulver
- 1/4 tsk salt

FÖR CHEESCAKE-FYLLNING:
- 8 oz färskost, mjukad
- 1/2 kopp strösocker
- 1/2 tsk mald ingefära
- 1 tsk vaniljextrakt
- 1 kopp tung grädde, kyld

Till pärontoppen:
- 2 mogna päron, skalade, urkärnade och skivade
- 2 msk osaltat smör
- 2 msk farinsocker
- 1 tsk mald kanel
- 1/2 tsk mald ingefära
- 1/4 kopp vatten

INSTRUKTIONER:
a) Värm ugnen till 325°F (160°C). Smörj och fodra botten av en 8-tums rund kakform med bakplåtspapper.
b) Vispa äggulorna med 2 matskedar socker i en stor blandningsskål tills de blir bleka och krämiga. Tillsätt vegetabilisk olja, mjölk och vaniljextrakt och blanda tills det är väl blandat.
c) Sikta ihop kakmjöl, mald ingefära, bakpulver och salt. Tillsätt gradvis de torra ingredienserna till äggulebladningen, blanda tills den är slät.
d) I en separat ren skål, vispa äggvitorna tills skum. Tillsätt gradvis de återstående 2 msk socker och fortsätt att vispa tills det bildas styva toppar.

e) Vänd försiktigt ner den vispade äggvitan i smeten tills det inte finns några ränder kvar.
f) Häll smeten i den förberedda kakformen och jämna till toppen. Grädda i den förvärmda ugnen i 30-35 minuter, eller tills en tandpetare som sticks in i mitten kommer ut ren.
g) Ta ut kakan från ugnen och låt den svalna helt i formen på galler.
h) Medan kakan svalnar förbereder du cheesecakefyllningen. Vispa den mjukgjorda färskosten i en bunke tills den är slät. Tillsätt strösocker, mald ingefära och vaniljextrakt och vispa tills det är väl blandat och krämigt.
i) I en annan skål, vispa den kylda tunga grädden tills det bildas styva toppar. Vänd försiktigt ner den vispade grädden i färskostblandningen tills den är slät och väl kombinerad.
j) När chiffongkakan har svalnat helt skär du den försiktigt horisontellt i två lager.
k) Lägg ett lager chiffongkaka på ett serveringsfat eller tårtställ. Bred ut en rejäl mängd av ingefära cheesecakefyllningen över tårtlagret.
l) Lägg det andra lagret av chiffongkaka ovanpå fyllningen. Fördela den återstående ingefära cheesecakefyllningen över toppen och sidorna av kakan.
m) För att förbereda pärontoppen, smält smöret i en stekpanna på medelvärme. Tillsätt de skivade päronen, farinsocker, mald kanel, mald ingefära och vatten. Koka, rör om då och då, tills päronen mjuknat och karamelliserat, cirka 5-7 minuter. Ta bort från värmen och låt svalna något.
n) Häll den karamelliserade pärontoppen över toppen av cheesecaken.
o) Kyl cheesecaken i minst 4 timmar, eller tills den stelnat.
p) Innan servering kan du garnera toppen av cheesecaken med ytterligare skivor färskt päron om så önskas.
q) Skiva och servera ingefära päron chiffong cheesecake kyld. Njut av den läckra kombinationen av kryddig ingefära, söta päron och krämig cheesecakefyllning!

40.Karamelliserad Banan Chiffong Cheesecake

INGREDIENSER:
FÖR CHIFFONGKAKA:
- 4 stora ägg, separerade
- 1/4 kopp strösocker
- 1/4 kopp vegetabilisk olja
- 1/4 kopp mjölk
- 1 tsk vaniljextrakt
- 1 dl kakmjöl
- 1 tsk bakpulver
- 1/4 tsk salt

FÖR CHEESCAKE-FYLLNING:
- 8 oz färskost, mjukad
- 1/2 kopp strösocker
- 1 tsk vaniljextrakt
- 1 kopp tung grädde, kyld

FÖR KARAMELISERAD BANANTOPPING:
- 2 mogna bananer, skivade
- 2 msk osaltat smör
- 1/4 kopp farinsocker
- 1/4 tsk mald kanel
- 1/4 kopp tung grädde

INSTRUKTIONER:
a) Värm ugnen till 325°F (160°C). Smörj och fodra botten av en 8-tums rund kakform med bakplåtspapper.
b) Vispa äggulorna med 2 matskedar socker i en stor blandningsskål tills de blir bleka och krämiga. Tillsätt vegetabilisk olja, mjölk och vaniljextrakt och blanda tills det är väl blandat.
c) Sikta ihop kakmjöl, bakpulver och salt. Tillsätt gradvis de torra ingredienserna till äggulablandningen, blanda tills den är slät.
d) I en separat ren skål, vispa äggvitorna tills skum. Tillsätt gradvis de återstående 2 msk socker och fortsätt att vispa tills det bildas styva toppar.
e) Vänd försiktigt ner den vispade äggvitan i smeten tills det inte finns några ränder kvar.

f) Häll smeten i den förberedda kakformen och jämna till toppen. Grädda i den förvärmda ugnen i 30-35 minuter, eller tills en tandpetare som sticks in i mitten kommer ut ren.
g) Ta ut kakan från ugnen och låt den svalna helt i formen på galler.
h) Medan kakan svalnar förbereder du cheesecakefyllningen. Vispa den mjukgjorda färskosten i en bunke tills den är slät. Tillsätt strösocker och vaniljextrakt och vispa tills det är väl blandat och krämigt.
i) I en annan skål, vispa den kylda tunga grädden tills det bildas styva toppar. Vänd försiktigt ner den vispade grädden i färskostblandningen tills den är slät och väl kombinerad.
j) När chiffongkakan har svalnat helt skär du den försiktigt horisontellt i två lager.
k) Lägg ett lager chiffongkaka på ett serveringsfat eller tårtställ. Bred ut en rejäl mängd av cheesecakefyllningen över tårtlagret.
l) Lägg det andra lagret av chiffongkaka ovanpå fyllningen. Fördela den återstående cheesecakefyllningen över toppen och sidorna av kakan.
m) För att förbereda den karamelliserade banantoppen, smält smöret i en stekpanna på medelvärme. Tillsätt de skivade bananerna, farinsockret och malen kanel. Koka, rör om då och då, tills bananerna är mjuka och karamelliserade, cirka 5-7 minuter . Ta bort från värmen och låt svalna något.
n) Värm den tunga grädden i en separat liten kastrull tills den är varm. Häll den varma grädden över de karamelliserade bananerna och rör om tills de är väl blandade.
o) Häll den karamelliserade banantoppen över toppen av cheesecaken.
p) Kyl cheesecaken i minst 4 timmar, eller tills den stelnat.
q) Innan servering kan du garnera toppen av cheesecaken med ytterligare skivor färsk banan om så önskas.
r) Skiva och servera den karamelliserade bananchiffongcheesecaken kyld. Njut av den läckra kombinationen av söta karamelliserade bananer och krämig cheesecakefyllning!

CHIFFONG TAKOR

41.Yuzu Chiffong tårta

INGREDIENSER:
- 3 äggvitor
- 40 g fint socker
- 3 äggulor
- 10 g fint socker
- 20g riskli/vegetabilisk olja
- 40 g Yuzu juice
- 15 g koreanskt citronte

INSTRUKTIONER:
a) Klä botten av en 6" rund kakform med bakplåtspapper. Behöver inte smörja sidan.
b) Sikta kakmjöl två gånger. Avsätta.
c) Skär citronteskalen i bitstorlek. Kombinera riskli/vegetabilisk olja, yuzujuice och citronte i en liten bägare. Avsätta.
d) Vispa äggulan med 10 g fint socker i en separat blandningsskål tills den blir blek och krämig
e) Tillsätt blandningen gradvis.
f) Sikta och blanda mjölet i några omgångar för att undvika överblandning av mjölet. Täck över och ställ åt sidan.
g) Vispa äggvita till skum i en separat, ren och fettfri blandningsskål och börja sedan gradvis tillsätta 40 g socker. Vispa på medelhög hastighet till nästan styv toppnivå.
h) Sänk mixerhastigheten till låg under den sista 1 minuten. Avsätta.
i) Tillsätt cirka ⅓ av marängen och blanda väl.
j) Häll tillbaka för att kombinera med resterande maräng. Vik ihop till en slät smet.
k) Häll smeten i en osmord 6" rund kakform. Slå formen mot bänkskivan för att ta bort eventuella luftbubblor.
l) Grädda i en förvärmd ugn på 140 grader Celsius i ca 25 till 30 minuter, på lägsta falsen.
m) När kakan stiger till att nästan nå kanten på kakformen, höj temperaturen till 170 grader Celsius i cirka 10 till 15 minuter.
n) 10 minuter efter gräddning i 170 grader Celsius fortsatte kakan att höja sig över tårtformens kant. 15 minuter efter gräddning i 170 grader Celsius.

o) Ta bort från ugnen och släpp kakan med formen, 3 gånger över en duk. Vänd upp formen direkt över ett galler för att svalna i cirka 25 minuter.
p) Vänd upp den varma kakan över ett galler som vilar ovanpå en öppen riskokare i cirka 25 minuter. Jag tycker att det här är lättare än att balansera på två skålar,
q) Ta ut kakan ur formen och svalna över gallret.
r) Låt kakan svalna helt innan du skär upp den.

42. Choklad chiffong tårta

INGREDIENSER:
- 1 ¾ koppar universalmjöl
- 1 ½ koppar strösocker
- ¾ kopp osötat kakaopulver
- 1 ½ tsk bakpulver
- 1 tsk bakpulver
- ½ tsk salt
- ½ kopp vegetabilisk olja
- 7 stora ägg, separerade
- 1 kopp vatten
- 1 tsk vaniljextrakt
- ½ tsk grädde av tandsten

FÖR FROSTNING AV HOKLADVISP:
- 2 koppar tung grädde, kall
- ½ kopp strösocker
- ¼ kopp osötat kakaopulver
- 1 tsk vaniljextrakt

VALFRI GARNERING:
- Chokladspån
- Färska bär

INSTRUKTIONER:
FÖR CHOKLAD CHIFFONG TAKAN:
a) Värm ugnen till 170°C (340°F) och smörj och mjöl en 10-tums rörform.
b) I en stor bunke, vispa ihop mjöl, strösocker, kakaopulver, bakpulver, bakpulver och salt.
c) Gör en brunn i mitten av de torra ingredienserna och tillsätt vegetabilisk olja, äggulor, vatten och vaniljextrakt. Vispa tills den är slät och väl kombinerad.
d) I en separat skål, vispa äggvitan och grädden av tartar med en elektrisk mixer tills det bildas styva toppar.
e) Vänd försiktigt ner den vispade äggvitan i chokladsmeten, var försiktig så att du inte överblandar.
f) Häll smeten i den förberedda rörformen och jämna till toppen med en spatel.

g) Grädda i den förvärmda ugnen i cirka 45-50 minuter eller tills en tandpetare som sticks in i mitten av kakan kommer ut ren.
h) Ta ut kakan från ugnen och vänd upp formen på ett galler för att svalna helt. Detta hjälper kakan att behålla sin höjd och förhindrar att den kollapsar.

FÖR FROSTNING AV HOKLADVISP:
i) Vispa grädden, strösockret, kakaopulver och vaniljextrakt i en kyld blandningsskål tills det bildas styva toppar.
j) Var noga med att inte vispa för mycket, eftersom det kan förvandla grädden till smör.

HOPSÄTTNING:
k) När chokladchiffongkakan har svalnat helt, kör en kniv runt kanterna på formen för att lossa kakan. Ta ut den från pannan och lägg den på ett serveringsfat.
l) Fördela chokladvispad gräddfrosting över toppen och sidorna av kakan, använd en spatel för att skapa ett slätt och jämnt lager.
m) Valfritt: Garnera tårtan med chokladspån och färska bär för en extra touch av elegans.
n) Skiva och servera chokladchiffongkakan och njut av dess lätta och chokladiga godhet.

43.Dalgona chiffongkaka

INGREDIENSER:
FÖR TÅRAN:
- 6 stora ägg, separerade
- ½ kopp strösocker
- ½ kopp vegetabilisk olja
- ½ kopp Dalgona kaffe
- 1 tsk vaniljextrakt
- 1 ½ dl kakmjöl
- 2 tsk bakpulver
- ¼ tesked salt

FÖR DALGONA KAFFE FROSTING:
- 1 ½ dl tung grädde, kyld
- ¼ kopp strösocker
- ¼ kopp Dalgona kaffe
- Kakaopulver (för att pudra, valfritt)

INSTRUKTIONER:
a) Värm ugnen till 325°F (165°C). Smörj och mjöla en kakform med chiffong.
b) Vispa ihop äggulorna och sockret i en stor bunke tills det blir krämigt och ljusgult.
c) Tillsätt vegetabilisk olja, Dalgona-kaffe och vaniljextrakt till äggulblandningen. Blanda väl.
d) I en separat skål, vispa ihop kakmjöl, bakpulver och salt.
e) Tillsätt gradvis de torra ingredienserna till de våta ingredienserna, blanda tills de precis blandas. Var noga med att inte övermixa.
f) Vispa äggvitorna i en annan ren skål tills det bildas mjuka toppar.
g) Vänd försiktigt ner den vispade äggvitan i smeten tills den är väl integrerad.
h) Häll smeten i den förberedda chiffongkakan. Jämna till toppen med en spatel.
i) Grädda i den förvärmda ugnen i ca 45-50 minuter eller tills en tandpetare som sticks in i mitten av kakan kommer ut ren.
j) Ta ut kakan från ugnen och låt den svalna upp och ner i formen för att förhindra att den faller ihop.
k) När kakan har svalnat helt, ta försiktigt bort den från formen.

l) För Dalgona-kaffevispad grädde, vispa den kylda grädden och strösockret tills mjuka toppar bildas. Tillsätt Dalgona-kaffet och fortsätt vispa tills det bildas styva toppar.
m) Frosta den avsvalnade chiffongkakan med Dalgona kaffevispad gräddglasyr, täck toppen och sidorna av kakan.
n) Valfritt: Pudra toppen av kakan med kakaopulver för extra smak och dekoration.
o) Skiva och servera Dalgona Coffee Chiffong Cake. Njut av!

44.Banan chiffong tårta

INGREDIENSER:
- 1 kopp äggvita
- ½ tsk Cream Of Tartar
- 2¼ koppar kakmjöl
- 1 msk bakpulver
- 1¼ koppar socker
- 5 äggulor
- 1 kopp banan; Mosad
- ½ kopp olja
- 3 matskedar Bourbon
- 1 tsk vanilj
- 2 matskedar Bourbon
- 1 matsked Mjölk
- 1½ koppar konditorsocker; Siktad
- Jordgubbar (för garnering)
- Skivad banan (för garnering)

INSTRUKTIONER:
a) Värm ugnen till 325°F. Förbered en 10" tubpanna med löstagbar botten; smörj inte.
b) Tillsätt grädde av tartar till äggvitan och vispa med en elektrisk mixer tills det bildas styva toppar. Var försiktig så att du inte överträffar.
c) I en annan skål, rör ihop mjöl, socker och bakpulver tills det är väl blandat. Skapa en brunn i mitten och tillsätt äggulor, mosade bananer, olja, vatten med bourbon (⅓ kopp) och vanilj.
d) Vispa ingredienserna i brunnen med en elektrisk mixer, blanda gradvis in de torra ingredienserna runt kanten, tills en slät smet uppnås.
e) Häll ⅓ av smeten över äggvitan och rör snabbt, men försiktigt, tills smeten och vitorna är blandade. Upprepa denna process två gånger med resterande smet.
f) Häll den kombinerade smeten i den förberedda rörformen. Grädda i 55 minuter utan att öppna ugnsluckan för att förhindra att kakan faller. Öka ugnstemperaturen till 350°F och grädda i

ytterligare 10-15 minuter, eller tills en tandpetare som sticks in i mitten kommer ut ren.
g) Häng kakan upp och ner för att svalna helt. När kakan svalnat tar du bort den från formen.

GLASYR:
h) Värm upp bourbon och mjölk till en sjud. Rör i konditorsocker tills det löst sig.
i) Ringla genast glasyren över toppen och sidorna av kakan.
j) Låt kakan svalna tills glasyren stelnar innan du garnerar.
k) Garnera med skivade bananer och jordgubbar.
l) Skär kakan med en lång tandad kniv för servering.

45.Chiffong honungstårta

INGREDIENSER:

- 4 ägg
- 1 kopp socker
- 1 kopp olja
- 1½ koppar honung
- 3 koppar mjöl
- 3 tsk Bakpulver
- ½ tesked bakpulver
- 1 tsk kanel
- 1 kopp kallt kaffe

INSTRUKTIONER:

a) Värm ugnen till 350 grader.
b) Vispa äggen väl i en stor skål. Tillsätt socker och vispa på hög hastighet tills blandningen är ljus och krämig.
c) Tillsätt olja och honung till äggblandningen, vispa på medelhastighet tills det är väl blandat.
d) I en separat skål, kombinera de torra ingredienserna mjöl, bakpulver, bakpulver och kanel.
e) Tillsätt de torra ingredienserna till äggblandningen växelvis med det kalla kaffet.
f) Häll smeten i en osmord 10-tums tubpanna.
g) Grädda i 350 grader i 15 minuter, sänk sedan värmen till 325 grader och grädda i ytterligare en timme eller tills en tandpetare som sticks in i mitten kommer ut ren.
h) När kakan är klar , vänd upp den och låt den svalna helt innan du tar ut den från formen.
i) Njut av din läckra chiffonghonungstårta!

46. Tahini Chiffongkaka med honung och rabarber

INGREDIENSER:
BRÄNN HONING
- ½ kopp honung
- ½ tsk kosher salt
- ⅓ kopp kyld tung grädde

POCHERAD RABARBER
- 3 gröna kardemummaskidor, öppnade (valfritt)
- 1 kopp (200 g) ekologiskt rörsocker eller strösocker
- 3 rosa rabarberstjälkar, putsade, bladen borttagna, skurna i bitar

TÅRTA OCH MONTERING
- Nonstick vegetabilisk olja spray eller vegetabilisk olja
- ½ kopp (65 g) sesamfrön
- ½ kopp plus 1 tesked (72 g) kakmjöl
- 1 tsk bakpulver
- ½ tsk kosher salt
- 2 stora äggulor, rumstempererade
- 2 matskedar plus ¾ tesked (35 g) tahini
- 8 matskedar (100 g) ekologiskt rörsocker eller strösocker, uppdelat
- 3 stora äggvitor, rumstempererade
- ⅛ tesked grädde av tartar eller en skvätt vinäger eller färsk citronsaft
- ⅔ kopp kyld tung grädde

INSTRUKTIONER:
BRÄNN HONING
a) Koka upp honungen i en medelstor kastrull (något större än du tror att du behöver eftersom honungen kommer att bubbla upp) på medelvärme och koka tills den är gyllenbrun och doftar toasty, cirka 2 minuter.

b) Ta av från värmen och rör ner salt. Häll försiktigt i grädde (detta hjälper till att stoppa tillagningen). Honungen kommer att bubbla och spruta, så var försiktig.

c) Rör om med en träslev eller gummispatel tills det är homogent. Låt den brända honungsblandningen svalna och överför den sedan till en lufttät behållare.

d) Täck och kyl tills den är kall, minst 3 timmar. Gör i förväg: Bränd honungsblandning kan göras 3 dagar i förväg. Förvaras kyld.

POCHERAD RABARBER

e) Koka upp kardemumma (om du använder), socker och ¾ kopp vatten i en medelstor kastrull på medelhög värme, rör om för att lösa upp sockret.

f) Om du använder kardemumma, ta bort från värmen, täck över och låt sitta i 15 minuter för att infundera. Ställ tillbaka sirapen på medelhög värme och koka tillbaka.

g) Tillsätt rabarber och koka tills blandningen precis börjar bubbla igen; avlägsna från värme. Täck över och låt stå tills rabarberbitarna mjuknat men fortfarande håller formen, 70–80 minuter. Gör i förväg: Rabarber kan pocheras 1 dag framåt. Överför till en lufttät behållare; täck och kyl.

TÅRTA OCH MONTERING

h) Värm ugnen till 350°F. Belägg kakformen lätt med nonstick-spray eller lätt olja. Klä botten med ett bakplåtspapper runt och spraya eller olja runt. Häll sesamfrön i pannan och skaka försiktigt och luta pannan för att täcka botten och sidorna, klappa ut eventuellt överskott. Sikta kakmjöl, bakpulver och salt i en medelstor skål.

i) Vispa äggulor, tahini, 6 matskedar (75 g) socker och 3 matskedar rumstempererat vatten i en liten skål för att kombinera. Tillsätt torra ingredienser och vispa väl; ställ åt sidan.

j) Vispa äggvita och grädde av tartar i skålen med en stavmixer utrustad med visptillbehöret på medelhastighet precis tills skummande bubblor uppstår, cirka 15 sekunder. Med motorn igång, strö över de återstående 2 matskedarna (25 g) sockret en tesked åt gången, vispa 15–20 sekunder efter varje tillsats för att blanda innan du tillsätter mer. (Ta dig tid att bygga en stark maräng så kommer din kaka att tacka dig för det.) Vispa tills marängen är glansig och styva toppar bildas.

k) Använd en gummispatel, tillsätt en tredjedel av marängen till den reserverade smeten och vik ihop tills den bara blir strimmig, var noga med att inte tömma marängen. Upprepa två gånger till, dela den återstående marängen på mitten och blanda den sista tillsatsen tills inga ränder kvarstår. Skrapa omedelbart smeten i den förberedda pannan och knacka lätt pannan på bänken för att jämnt fördela och jämna ut storleken på bubblorna.

l) Grädda kakan tills en testare som sätts in i mitten kommer ut ren och toppen är puffad och studsar tillbaka när den trycks försiktigt, 30–35 minuter . Vänd genast upp kakan på ett galler, skala bort pergamentrundan och vänd rätsidan upp.

m) Låt svalna (toppen plattar till när den svalnar). Vänd upp kakan på en tårta eller annat stort fat så att sesamskorpan ligger på toppen.

n) Vispa kyld bränd honungsblandning och grädde i den rena skålen på en stavmixer utrustad med visptillbehöret (en medium skål och en visp fungerar också) tills medelstarka toppar bildas. (Du vill ha den perfekta klickkonsistensen, där den håller sin form på en tallrik men fortfarande har lite slack.)

o) För att servera, skiva kakan i sex klyftor med en tandad kniv, med en lång, försiktig sågrörelse. Detta hjälper till att bevara kaksmulan och ge dig en ren klyfta. Dela, skärsidan nedåt, mellan tallrikar, och sked ett par råga matskedar bränd honungskräm bredvid.

p) Lyft upp 3–4 rabarberbitar ur sirapen med en gaffel och lägg bredvid kakan.

q) Ringla lite rabarbersirap över kakan om så önskas.

47.Chocolate Chip Chiffong Tårta

INGREDIENSER:

- 2¼ koppar mjöl
- 1 msk Bakpulver
- 1 tsk salt
- 1¾ koppar socker
- ½ kopp vegetabilisk olja
- ¾ kopp vatten
- 5 äggulor
- 2 tsk vaniljextrakt
- 7 äggvitor
- ½ tsk grädde av tandsten
- 1 uns (3 rutor) osötad choklad, riven
- 1 uns (3 rutor) osötad choklad
- 3 matskedar förkortning
- 2 koppar pulveriserat socker, siktat
- ¼ kopp (+1 matsked) Mjölk
- 1 tsk vaniljextrakt

INSTRUKTIONER:

a) Sikta ihop mjöl, bakpulver, salt och socker. Gör en brunn i mitten av de torra ingredienserna.
b) Tillsätt olja, vatten, äggulor och vanilj. Vispa på medelhastighet med en elektrisk mixer i 2 minuter.
c) I en separat skål, vispa äggvita och grädde av tartar på hög hastighet tills det bildas styva toppar.
d) Häll ägguleblandningen i en tunn, stadig stråle över hela ytan av äggvitorna. Vänd försiktigt ner vitorna i äggulablandningen.
e) Vänd ner den rivna chokladen. Häll smeten i en osmord 10-tums rörpanna, fördela jämnt med en spatel.
f) Grädda i 325°F i 55 minuter. Öka temperaturen till 350°F och grädda ytterligare 10 minuter eller tills kakan fjädrar tillbaka vid lätt beröring.
g) Ta bort från ugnen; vänd upp pannan och låt kakan svalna i 40 minuter.
h) Lossa kakan från sidorna av formen med en smal metallspatel och ta sedan bort den från formen.

GLASYR:
i) Kombinera choklad och matfett i toppen av en dubbelpanna. Koka upp vatten; sänk värmen till låg och koka tills chokladen smält, rör om då och då.
j) Tillsätt socker och rör tills det är slätt.
k) Tillsätt mjölk och resterande ingredienser; rör om tills frostingen har en bred konsistens.
l) Fördela frostingen ovanpå och på sidorna av kakan.
m) Njut av din dekadenta Chocolate Chip Chiffong Cake!

48.Citron-vallmo chiffongkaka

INGREDIENSER:
- 2¼ koppar Osiktat kakmjöl
- 1¼ koppar socker
- 3 matskedar Vallmofrön
- 1 msk Bakpulver
- 1 msk Finrivet citronskal
- ¼ tesked salt
- 8 stora äggvitor, i rumstemperatur
- ½ tsk grädde av tandsten
- 4 stora äggulor
- ½ kopp raps eller annan vegetabilisk olja
- ½ kopp vatten
- ¼ kopp citronsaft
- 1 tsk citronextrakt

INSTRUKTIONER:
a) I en medelstor skål, kombinera mjöl, 1 kopp socker, vallmofrön, bakpulver, citronskal och salt. Avsätta.
b) Värm ugnen till 325°F. I en stor skål, med en elektrisk mixer på hög hastighet, vispa äggvita och grädde av tartar tills mjuka toppar bildas. Vispa gradvis i resterande ¼ kopp socker tills det bildas styva toppar. Ställ uppvispad vit åt sidan.
c) Gör en brunn i mitten av mjölblandningen. Tillsätt äggulor, olja, vatten, citronsaft och citronextrakt; vispa med en mixer på medelhastighet tills smeten är slät. Vänd mycket försiktigt citronsmeten i vispad äggvita tills den är jämn.
d) Bred ut smeten i en osmord 10-tums tubpanna med löstagbar botten.
e) Grädda i 65 till 70 minuter eller tills en kakprovare som är insatt nära mitten av kakan kommer ut ren.
f) Vänd upp kastrullen över en tratt eller flaska och svalna helt. För att ta bort kakan från formen, använd en liten metallspatel för att försiktigt lossa kakan runt formen. Ta bort sidan av pannan. Lossa mitten och botten och ta bort botten av formen från kakan.
g) Lägg kakan med rätsidan uppåt på ett serveringsfat ; skiva och servera.
h) Njut av din härliga citron-vallmo chiffongkaka!

49.Earl Grey Chiffongkaka

INGREDIENSER:
- 6 stora ägg, separerade
- 1/2 kopp strösocker
- 1/4 kopp vegetabilisk olja
- 1/4 kopp mjölk
- 1 tsk vaniljextrakt
- 1/4 kopp starkt bryggt Earl Grey-te, kylt
- 1 1/4 dl kakmjöl
- 1 matsked Earl Grey teblad (valfritt)
- 1 tsk bakpulver
- 1/4 tsk salt

INSTRUKTIONER:
a) Värm ugnen till 325°F (160°C). Smörj och mjöla en kakform med chiffong.
b) Vispa äggulorna med socker i en stor bunke tills de blir bleka och krämiga. Tillsätt vegetabilisk olja, mjölk, vaniljextrakt och bryggt Earl Grey-te. Blanda väl.
c) Sikta ihop kakmjöl, valfria teblad, bakpulver och salt. Tillsätt gradvis de torra ingredienserna till äggulleblandningen, blanda tills den är slät.
d) I en separat ren skål, vispa äggvitorna tills skum. Tillsätt socker gradvis och fortsätt vispa tills det bildas styva toppar.
e) Vänd försiktigt ner den vispade äggvitan i smeten tills den är helt införlivad.
f) Häll smeten i den förberedda chiffongkakan och jämna till toppen.
g) Grädda i den förvärmda ugnen i 40-45 minuter eller tills en tandpetare som sticks in i mitten kommer ut ren.
h) När den är gräddad tar du ut den från ugnen och vänder omedelbart upp formen på ett galler för att svalna helt.
i) När kakan svalnat tar du försiktigt bort kakan från formen och serverar skivor pudrade med strösocker eller med en klick vispgrädde.

50.Lavendel chiffong tårta

INGREDIENSER:

LAVENDEL CHIFFONGSVAMP
- 7 ägg (rumstemperatur)
- 300 g socker
- 100 ml solrosolja
- 300g universalmjöl
- 4 tsk bakpulver
- 160 ml helmjölk
- 1 tsk lavendelextrakt

SCHWEIZISK MARÄNGSMÖRKRÄM
- 270 g socker
- 65 ml vatten
- 5 äggvitor
- 340 g smör (rumstemperatur)
- Några droppar lavendelextrakt
- Matfärg (lila + rosa)

INSTRUKTIONER:

GÖR LAVENDELCHIFFONGKAKAN
a) Värm ugnen till 175°C (375°F).
b) Smöra och mjöla kakformarna och klä botten med bakplåtspapper.
c) Vispa 6 äggulor, socker och lavendelextrakt med en elektrisk mixer tills det blir blekt och fluffigt.
d) Tillsätt långsamt solrosoljan under omrörning.
e) I en separat skål, vispa 7 äggvitor med en elektrisk mixer tills det är fluffigt.
f) Växla mellan mjölk och mjöl, tillsätt till blandningen och blanda tills det blandas.
g) Vänd sedan försiktigt ner äggvitorna i smeten.
h) Fördela smeten jämnt mellan de tre kakformarna.
i) Grädda kakan i 25 till 30 minuter.
j) PSA: Varje ugn är unik så det är möjligt att din ugn kräver kortare eller längre gräddningstid.
k) Stick in en tandpetare i en kaka vid 20-minutersstrecket för att bedöma hur lång tid kakan fortfarande behöver i ugnen.
l) Ta ut formarna ur ugnen.

m) Vänd varje kaka, tillsammans med dess kakform, upp och ner på en bakplåtsklädd plåt. Detta kommer att hjälpa till att förhindra att svampen sjunker.
n) Låt svalna i 20 minuter och ta sedan ur formarna. Låt vila tills den svalnat på galler.

LAVENDEL SCHWEIZISK MARENGSMÖRKRÄM

o) Häll sockret och vattnet i en kastrull och låt koka upp.
p) Tillsätt 5 äggvitor i skålen med en stavmixer utrustad med en visptillbehör.
q) När sockret når 116°C (240°F), börja vispa äggvitorna till en styv topp.
r) När sockret når 121°C (250°F), ta bort från spisen och häll långsamt i den vispade äggvitan under vispning på låg.
s) Efter att all sirap är tillsatt, höj hastigheten till högt och vispa tills blandningen har svalnat till ljummen och marängen är stel och fluffig.
t) Skär smöret i små bitar och tillsätt lite i taget medan du fortfarande vispar. Konsistensen kommer att se glansig och slät ut.
u) Tillsätt lavendelextraktet.
v) Om marängen ser rinnig eller kluven ut, låt stå i frysen några minuter och vispa igen.

SAMMANSTÄLLNING AV TÅRAN

w) Ta bort toppen av varje kaka med hjälp av en tårtjämnare. Ta bort botten av tårtan som ska vara mittskiktet. Alla 3 lager ska trimmas till samma höjd.
x) Lägg ett tårtbord på en vändbar tårta och lägg i lite maräng.
y) Lägg det nedersta lagret av tårtan på tårtbrädet. Smulsidan ska vara vänd nedåt.
z) Pensla svampen med sockerlag om så önskas.
å) Bred ut ett lager smörkräm med en spatel.
ä) Lägg till det andra lagret och upprepa steget ovan.
ö) Lägg det tredje och sista lagret ovanpå.
aa) Applicera ett tunt lager smörkräm över hela kakan, toppen och sidorna, för att smula pälsen.
bb) Ställ in i kylen i 25 minuter.

cc) Lägg åt sidan 1/3 av den återstående schweiziska marängsmörkrämen och tillsätt matfärg för att få en lila färg.
dd) Lägg de vita och lila smörkrämerna i varsin spritspåse.
ee) Spruta syrenmarängen på sidan av tårtan från botten till ungefär halva höjden på kakan, lägg sedan på vit maräng på sidan och toppen av kakan.
ff) Använd en skrapare, jämna ut smörkrämen till en fin jämn päls och lägg till några till för att lappa eventuella hål. Du bör uppnå en fin lila till vit gradient.
gg) Kyl i 20 minuter i kylen.

Håll varje smörkrämsfärg i sin egen passpoal stor och skjut in i en större spritspåse utrustad med ett stjärnspetsmunstycke.

Pipa blommor över hela tårtan. Jag täckte toppen med blommor och spred sporadiskt blommor på sidorna.

Svalka i några minuter och njut!

51.Kokos Chiffong tårta

INGREDIENSER:
- 6 stora ägg, separerade
- 1 kopp strösocker
- 1/4 kopp vegetabilisk olja
- 1/2 kopp kokosmjölk
- 1 tsk vaniljextrakt
- 1 1/4 dl kakmjöl
- 1 tsk bakpulver
- 1/4 tsk salt
- 1 kopp strimlad kokos (sötad eller osötad)

INSTRUKTIONER:
a) Värm ugnen till 325°F (160°C). Smörj och mjöla en kakform med chiffong.
b) Vispa äggulorna med socker i en stor bunke tills de blir bleka och krämiga. Tillsätt vegetabilisk olja, kokosmjölk och vaniljextrakt. Blanda väl.
c) Sikta ihop kakmjöl, bakpulver och salt. Tillsätt gradvis de torra ingredienserna till äggulebladningen, blanda tills den är slät.
d) Rör ner strimlad kokos tills den är jämnt fördelad.
e) I en separat ren skål, vispa äggvitorna tills skum. Tillsätt socker gradvis och fortsätt vispa tills det bildas styva toppar.
f) Vänd försiktigt ner den vispade äggvitan i smeten tills den är helt införlivad.
g) Häll smeten i den förberedda chiffongkakan och jämna till toppen.
h) Grädda i den förvärmda ugnen i 40-45 minuter eller tills en tandpetare som sticks in i mitten kommer ut ren.
i) När den är gräddad tar du ut den från ugnen och vänder omedelbart upp formen på ett galler för att svalna helt.
j) När den svalnat tar du försiktigt ut kakan från formen och serverar skivor garnerade med rostade kokosflingor eller med en kokosglasyr.

52.Pistage chiffong tårta

INGREDIENSER:

- 6 stora ägg, separerade
- 1 kopp strösocker, delat
- 1/4 kopp vegetabilisk olja
- 1/4 kopp mjölk
- 1 tsk vaniljextrakt
- 1 dl finmalda pistagenötter
- 1 dl kakmjöl
- 1 tsk bakpulver
- 1/4 tsk salt
- Grön matfärg (valfritt)

INSTRUKTIONER:

a) Värm ugnen till 325°F (160°C). Smörj och mjöla en kakform med chiffong.
b) Vispa äggulorna med 1/2 kopp socker i en stor blandningsskål tills de är bleka och krämiga. Tillsätt vegetabilisk olja, mjölk och vaniljextrakt. Blanda väl.
c) Rör ner de finmalda pistagenötterna.
d) Sikta ihop kakmjöl, bakpulver och salt. Tillsätt gradvis de torra ingredienserna till ägguleblandningen, blanda tills den är slät. Lägg till grön matfärg om så önskas för en levande färg.
e) I en separat ren skål, vispa äggvitorna tills skum. Tillsätt gradvis den återstående 1/2 koppen socker och fortsätt vispa tills det bildas styva toppar.
f) Vänd försiktigt ner den vispade äggvitan i smeten tills den är helt införlivad.
g) Häll smeten i den förberedda chiffongkakan och jämna till toppen.
h) Grädda i den förvärmda ugnen i 40-45 minuter eller tills en tandpetare som sticks in i mitten kommer ut ren.
i) När den är gräddad tar du ut den från ugnen och vänder omedelbart upp formen på ett galler för att svalna helt.
j) När kakan svalnat tar du försiktigt bort kakan från formen och serverar skivor pudrade med strösocker eller garnerade med hackade pistagenötter.

CHIFFONG FRYST GODS

53. Cherry Chiffong Fluff

INGREDIENSER:
- 21 uns körsbärspajfyllning; vanlig eller lätt
- 14 uns sötad kondenserad mjölk; eller 8 uns vanlig yoghurt
- 8 uns Cool Whip; vanlig eller lite
- 14 uns Chunk ananas; dränerad
- 1 kopp miniatyrmarshmallows

INSTRUKTIONER:
a) I en stor skål, kombinera körsbärspajfyllning, sötad kondenserad mjölk (eller vanlig yoghurt), Cool Whip, avrunnen bit ananas och miniatyrmarshmallows.
b) Vänd försiktigt ihop ingredienserna tills de är väl blandade.
c) Häll upp blandningen i en serveringsskål.
d) Kyl efterrätten innan servering.

54.Chiffong Ice Box tårta

INGREDIENSER:

- 2 förpackningar (4 portionsstorlekar) ELLER 1 förpackning (8 portionsstorlekar) gelatin (smak av svart hallon, apelsin eller svart körsbär)
- 2 koppar kokande vatten
- 1 liter vaniljglass
- 12 Ladyfingers, delad
- Vispad topping, färsk frukt och myntablad (för garnering, om så önskas)

INSTRUKTIONER:

a) Lös upp gelatinet helt i kokande vatten.
b) Tillsätt vaniljglass till gelatinet i skedar, rör om tills det är helt smält.
c) Kyl blandningen tills den tjocknar men fortfarande är skedbar (inte helt stel).
d) Under tiden, trimma ca 1 tum av ladyfingers och placera de skurna ändarna ner runt sidan av en 8-tums springform. Se till att de rundade sidorna av ladyfingers är vända mot utsidan av pannan.
e) Häll den förtjockade gelatinblandningen i pannan.
f) Kyl efterrätten tills den är fast, cirka 3 timmar.
g) Ta bort sidan av springformen.
h) Garnera med vispad topping, färsk frukt och myntablad om så önskas.

55.Lime chiffongglass

INGREDIENSER:
- ½ kopp färskpressad och silad limejuice (från cirka 4 limefrukter)
- 1 kopp socker
- 16 uns gräddfil
- 1-2 droppar valfri matfärgning

VALFRI GARNERING:
- Limeskal

INSTRUKTIONER:

a) Börja med att röra ihop limejuice och socker tills sockret löst sig helt.
b) Tillsätt gräddfilen och valfri karamellfärg i lime- och sockerblandningen. Vispa eller rör om ordentligt tills en slät och väl sammansatt blandning uppnås. Alternativt kan detta göras med en matberedare för extra bekvämlighet.
c) Följ instruktionerna från din glassmaskin för bearbetning av blandningen. När den är bearbetad överför du mjukglassen i en kastrull, täck över den och låt den frysa tills den når en fast konsistens.
d) För att servera, garnera lime chiffongglassen med valfritt limeskal för en extra smak.

56.Lime Chiffong Semifreddo

INGREDIENSER:

- 4 stora äggvitor
- 1 dl florsocker, siktat
- 1 ½ dl vispgrädde
- ½ kopp gräddfil
- 2 msk färsk limejuice
- 2 tsk finrivet limeskal

INSTRUKTIONER:

a) Fodra åtta 5-ounce ramekins helt med plastfolie, se till att wrap hänger över sidorna. Lägg ramekins på en bricka och frys in.
b) Vispa äggvitorna till skum. Tillsätt ¼ kopp florsocker och fortsätt vispa tills vitorna håller sig styva toppar.
c) Vispa grädden till en mjuk topp i en annan skål. Sänk hastigheten och tillsätt den återstående ¾ koppen florsocker, gräddfil, limejuice och limeskal.
d) Tillsätt en stor sked av gräddblandningen till den vispade äggvitan och vänd försiktigt i. Vänd ner vitorna i grädden i två tillsatser.
e) Häll blandningen i de förberedda ramekinerna, täck över och frys i minst fyra timmar.
f) För att servera, vänd upp semifreddosen på ett fat och dra bort plastfolien.

57. Citron Chiffong Sorbet

INGREDIENSER:

- 1 kopp färsk citronsaft
- 1 msk citronskal
- 1 kopp strösocker
- 1/2 kopp vatten
- 1 kopp tung grädde
- 3 stora äggvitor
- Nypa salt

INSTRUKTIONER:

a) I en kastrull, kombinera socker, vatten, citronsaft och citronskal. Värm på medelvärme, rör om tills sockret är helt upplöst. Ta bort från värmen och låt det svalna.
b) Vispa grädden i en bunke tills det bildas styva toppar. Avsätta.
c) Vispa äggvitorna med en nypa salt i en annan ren blandningsskål tills det bildas styva toppar.
d) Vänd försiktigt ner den vispade grädden i citronblandningen tills den är väl blandad.
e) Vänd sedan i den vispade äggvitan tills det inte finns några ränder kvar.
f) Häll blandningen i en fryssäker behållare, täck över och frys i minst 6 timmar eller tills den är fast.
g) Servera citronchiffongsorbeten upptagen i skålar eller strutar, garnerad med färska citronskivor eller myntablad om så önskas.

58. Hallon Chiffong Frozen Yoghurt

INGREDIENSER:

- 2 dl färska eller frysta hallon
- 1/2 kopp strösocker
- 2 koppar grekisk yoghurt
- 1 kopp tung grädde
- 3 stora äggvitor
- Nypa salt

INSTRUKTIONER:

a) Mosa hallonen i en mixer eller matberedare tills de är jämna. Sila purén genom en finmaskig sil för att ta bort fröna.
b) Kombinera hallonpurén och sockret i en mixerskål tills sockret är upplöst.
c) Vispa grädden i en annan bunke tills det bildas styva toppar. Avsätta.
d) Vispa äggvitorna med en nypa salt i en ren blandningsskål tills det bildas styva toppar.
e) Vänd försiktigt ner den grekiska yoghurten i hallonblandningen tills den är väl blandad.
f) Vänd sedan ner den vispade grädden tills det inte finns några ränder kvar.
g) Vänd till sist ner den vispade äggvitan tills den är jämnt fördelad.
h) Häll blandningen i en fryssäker behållare, täck över och frys i minst 6 timmar eller tills den är fast.
i) Servera hallonchiffongfrusen yoghurt upptagen i skålar eller strutar, garnerad med färska hallon eller en klick hallonsås om så önskas.

59.Mango Chiffong Popsicles

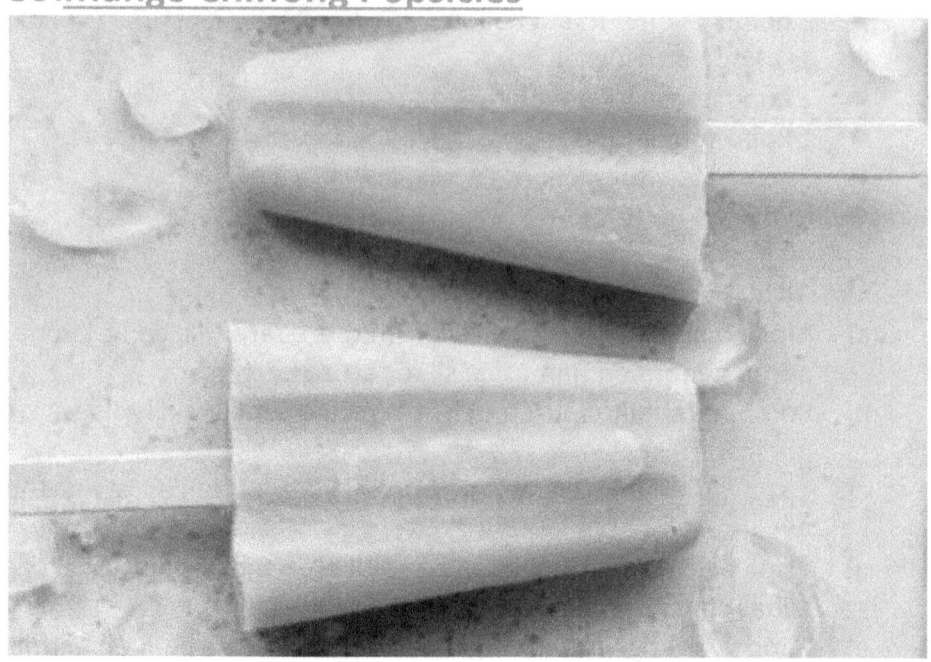

INGREDIENSER:
- 2 dl mogna mangobitar
- 1/2 kopp strösocker
- 1 kopp tung grädde
- 1/2 kopp grekisk yoghurt
- 2 msk färsk limejuice
- Nypa salt

INSTRUKTIONER:
a) I en mixer eller matberedare, puréa mangobitarna tills de är slät.
b) Kombinera mangopuré, socker, tjock grädde, grekisk yoghurt, limejuice och en nypa salt i en mixerskål. Blanda tills det är väl blandat.
c) Häll blandningen i popsikelformar, lämna lite utrymme på toppen för expansion.
d) Sätt i popsikelstavar i formarna och frys i minst 4 timmar eller tills de är helt fasta.
e) För att lösa ut popsiclesna, kör kort varmt vatten över utsidan av formarna för att lossa dem.
f) Servera mangochiffongglassarna omedelbart och njut av den uppfriskande tropiska smaken!

60. Strawberry Chiffong Icebox Paj

INGREDIENSER:

- 1 färdiggjord graham cracker crust (eller hemlagad om så önskas)
- 2 dl färska jordgubbar, skalade och skivade
- 1/4 kopp strösocker
- 1 msk citronsaft
- 1 kopp tung grädde
- 1/2 kopp strösocker
- 1 tsk vaniljextrakt

INSTRUKTIONER:

a) Kombinera de skivade jordgubbarna, strösockret och citronsaften i en mixerskål. Låt dem sitta i cirka 10 minuter för att släppa saften.
b) Vispa grädden med strösocker och vaniljextrakt i en separat bunke tills det bildas styva toppar.
c) Vänd försiktigt ner jordgubbsblandningen i den vispade grädden tills den är jämnt fördelad.
d) Häll blandningen i den förberedda grahamsbrödskorpan, fördela den jämnt.
e) Täck pajen med plastfolie och frys i minst 4 timmar eller tills den stelnar.
f) Innan servering, låt pajen stå i rumstemperatur i några minuter för att mjukna något.
g) Skiva och servera jordgubbschiffongisbox-pajen kyld, garnerad med ytterligare skivade jordgubbar om så önskas.

61.Blåbär Chiffong fryst vaniljsås

INGREDIENSER:
- 2 dl färska eller frysta blåbär
- 1/2 kopp strösocker
- 1 kopp tung grädde
- 1 dl helmjölk
- 4 stora äggulor
- 1 tsk vaniljextrakt
- Nypa salt

INSTRUKTIONER:
a) Blanda blåbären och sockret i en kastrull. Koka på medelvärme tills blåbären bryts ner och släpper saften, ca 5-7 minuter. Ta bort från värmen och låt svalna något.
b) Värm grädden och mjölken i en separat kastrull tills den ångar men inte kokar.
c) Vispa äggulorna slät i en bunke. Häll långsamt den varma gräddblandningen i äggulorna, vispa hela tiden för att temperera äggen.
d) Häll tillbaka blandningen i kastrullen och låt koka på låg värme, under konstant omrörning, tills vaniljsåsen tjocknar tillräckligt för att täcka baksidan av en sked.
e) Ta av från värmen och sila vaniljen genom en finmaskig sil ner i en ren skål. Rör ner vaniljextraktet och en nypa salt.
f) Låt vaniljsåsen svalna något och vänd sedan ner den kokta blåbärsblandningen tills den är jämnt fördelad.
g) Häll blandningen i en glassmaskin och kärna enligt tillverkarens instruktioner tills den är tjock och krämig.
h) Överför den frysta vaniljsåsen till en fryssäker behållare, täck över och frys i minst 4 timmar eller tills den är fast.
i) Servera den frysta blåbärschiffongen i skålar eller strutar och njut av den krämiga, fruktiga godbiten!

62.Smörgåsar med kokos chiffongglass

INGREDIENSER:
- 1 sats kokoschiffongkaka (använd valfritt chiffongkakarecept, ersätt vanlig mjölk med kokosmjölk och tillsätt strimlad kokosnöt)
- 2 dl vaniljglass, uppmjukad
- Strimlad kokos, rostad (valfritt, för garnering)

INSTRUKTIONER:
a) Förbered kokoschiffongkakan enligt ditt valda recept. Låt den svalna helt.
b) När kakan har svalnat, använd en rund kakform för att skära ut cirklar av kakan.
c) Lägg en kula mjukad vaniljglass på undersidan av den ena kakcirkeln. Toppa med en annan tårtcirkel för att bilda en smörgås.
d) Rulla kanterna på glassmackan i rostad riven kokos, om så önskas.
e) Upprepa med resterande tårtcirklar och glass.
f) Lägg de sammansatta glassmackorna på en plåt klädd med bakplåtspapper och frys i minst 2 timmar eller tills de är fasta.
g) Servera smörgåsarna med kokoschiffongglass kylda och njut av den härliga kombinationen av fluffig kaka och krämig glass!

63.Peach Chiffong Popsicles

INGREDIENSER:
- 2 dl mogna persikor, skalade och tärnade
- 1/4 kopp strösocker
- 1 dl grekisk yoghurt
- 1/2 kopp tung grädde
- 1 msk citronsaft

INSTRUKTIONER:
a) I en mixer eller matberedare, puré de tärnade persikorna tills de är slät.
b) I en blandningsskål, kombinera persikopuré, socker, grekisk yoghurt, tung grädde och citronsaft. Blanda tills det är väl blandat.
c) Häll blandningen i popsikelformar, lämna lite utrymme på toppen för expansion.
d) Sätt i popsikelstavar i formarna och frys i minst 4 timmar eller tills de är helt fasta.
e) För att lösa ut popsiclesna, kör kort varmt vatten över utsidan av formarna för att lossa dem.
f) Servera persikochiffongglassarna omedelbart och njut av den uppfriskande fruktiga smaken!

TÄRTOR

64. Lime Chiffong Tårta

INGREDIENSER:
- 1 kopp universalmjöl
- 1 msk rivet limeskal
- ¼ tesked salt
- 5 matskedar osaltat smör
- 1½ matskedar gelatin utan smak
- 2 matskedar kallt vatten
- ½ kopp plus 1 matsked socker
- ¼ kopp färsk limejuice
- 2 stora ägg, separerade, rumstemp.
- 2 msk Rivet limeskal
- 3 matskedar socker
- 1 msk isvatten
- 1 Äggula
- 1-pintskorg med färska blåbär
- ½ kopp kyld vispgrädde, vispad till toppar
- Ytterligare färska blåbär
- Limeskal julienne

INSTRUKTIONER:
SKORPA:
a) Blanda mjöl, limeskal och salt i en stor skål. Tillsätt smör och skär i tills blandningen liknar en grov måltid.
b) Rör socker, vatten och äggula i en liten kopp tills sockret löst sig. Tillsätt till mjölblandningen och rör tills degen börjar gå ihop.
c) Vänd ut degen på en lätt mjölad yta. Samlas till en boll; platta till en skiva. Slå in i plast och ställ i kylen i minst 1 timme. (Kan förberedas 1 dag i förväg.)
d) Värm ugnen till 400°F. Kavla ut degen på en lätt mjölad yta till en tjocklek av ⅛ tum. Överför degen till en 9-tums diameter tårta form med en löstagbar botten. Trimma kanterna, lämna ett ¼-tums överhäng. Tryck överhänget ¼ tum ovanför kanten på pannan.
e) Fodra tårtan med folie. Fyll med torkade bönor eller pajvikter. Grädda i 10 minuter. Ta bort torkade bönor och folie och grädda tills skorpan är gyllenbrun, cirka 20 minuter. Häftigt.

FYLLNING:

f) Strö gelatin över kallt vatten i en liten skål. Låt stå i 15 minuter för att mjukna.
g) Lägg skålen i en kastrull med sjudande vatten och rör om tills gelatinet lösts upp. Ta bort från vattnet.
h) Rör ½ kopp socker, limejuice, äggulor och 2 msk limeskal i toppen av en dubbelkokare över sjudande vatten tills det är varmt att röra vid, cirka 3 minuter; koka inte.
i) Tillsätt gelatinblandningen och rör om för att blanda. Överför till en skål.
j) Placera skålen över en större skål fylld med is och vatten och rör om tills blandningen tjocknar och börjar hamna på skeden, cirka 5 minuter.
k) Ta bort från över vattnet. Använd en elektrisk mixer och vispa vitorna i en medelstor skål tills den precis börjar nå toppen. Tillsätt gradvis resterande 1 msk socker och vispa till mjuka toppar. Vänd ner vitorna i limeblandningen.
l) Strö 1 liter bär över botten av tårtan. Skeda genast fyllningen över bären, täck dem helt. Kyl tills den stelnat, minst 3 och upp till 8 timmar.
m) Häll upp vispad grädde i en konditoripåse med medelstor stjärnspets. Pipa grädden dekorativt runt kanten på tårtan.
n) Garnera tårtan med ytterligare bär och limeskal julienne.

65.Banan chiffong tårta

INGREDIENSER:

FÖR BASEN:
- 3 uns smör
- 6 uns ingefära kex, krossade

FÖR FYLLNING OCH TOPPNING:
- Rivet skal och saft av 1 citron
- 2 tsk gelatin
- 3 bananer, mosade
- 12 uns vispgrädde
- 2 uns strinsocker

INSTRUKTIONER:

a) Värm ugnen till 190 C/375 F/gas 5 . Smält smöret i en kastrull på låg värme. Ta av från värmen och rör ner kexsmulorna tills de är väl blandade.

b) Tryck ut kexblandningen i botten och sidorna av en 23 cm (9-tums) pajform. Grädda i 8 minuter och låt den sedan svalna helt.

c) Blanda citronsaft med 1 matsked kallt vatten i en liten kastrull. Strö gelatin över blandningen och låt den absorberas. Värm försiktigt tills den är klar, ta sedan bort från värmen.

d) Kombinera mosade bananer och citronskal. Tillsätt gelatinblandningen och blanda noggrant.

e) Vispa 7 uns grädde tills mjuka toppar bildas. Vänd gradvis i strösocker tills det är helt införlivat.

f) Vik ner gräddblandningen i bananblandningen och häll över kexskalet. Kyl i 30 minuter eller tills den stelnat.

g) För dekoration, vispa resterande grädde tills mjuka toppar bildas och fördela den över tårtan.

66.Pumpa chiffong tårta

INGREDIENSER:
FÖR DET TÄRTA SKALET:
- 1 förbakad 9" tårtskal (Kolla in vårt recept på söt deg)

FÖR PUMPACHIFFONGFYLLNING:
- 300 gram pumpapuré (använd inte pumpapajfyllning) (1 ¼ kopp)
- 150 gram ljust brunt socker (¾ kopp)
- 4 stora äggulor (spara vitorna till senare)
- 4 flytande uns helmjölk (½ kopp)
- ½ tsk salt
- 1 tsk mald kanel
- ¼ tesked mald ingefära
- ¼ tesked mald muskotnöt
- 1 matsked pulveriserat gelatin
- 3 matskedar kallt vatten (för att lösa upp gelatin)
- 4 stora äggvitor (gärna rumstempererade)
- 100 gram strösocker (½ kopp)

INSTRUKTIONER:
a) Strö pulveriserat gelatin över kallt vatten och ställ åt sidan så att gelatinet stelnar.
b) I en värmesäker skål, kombinera pumpapuré, farinsocker, mjölk, äggulor, salt, kanel, ingefära och muskotnöt. Vispa väl att kombinera.
c) Ställ upp en kastrull med vatten för att ånga på låg. Placera skålen ovanpå kastrullen med ångande vatten, se till att botten av skålen inte rör vid vattnet och att vattnet inte kokar. Rör om pumpablandningen då och då och värm tills den når 160 ° F - 180 ° F.
d) Tillsätt det stelnade gelatinet i skålen och vispa tills gelatinet är helt smält . Ta bort skålen från värmen och ställ åt sidan för att svalna något.
e) Lägg äggvitan i en ren skål och börja mixa med en stavmixer eller stavmixer med visptillbehöret. Blanda på medelhastighet tills äggvitan verkar skum. Häll långsamt i strösocker medan du fortsätter att blanda tills äggvitan når medelstora toppar.

f) Vänd försiktigt ner äggvitorna i den avsvalnade pumpablandningen.
g) Häll pumpachiffongen i det förgräddade tårtskalet, jämna till toppen.
h) Ställ tårtan i kylen tills den stelnat (cirka 2 timmar).
i) Dekorera efter önskemål (t.ex. vispad grädde, strösocker, etc.). Njut av!

67. Passionsfrukt Chiffong Tårta

INGREDIENSER:

DEG:
- 1 kopp/140 g oblekt mjöl
- 3 matskedar socker
- ¼ tesked fint havssalt
- 6 matskedar/85 g kallt osaltat smör, skuren i ½-in/12-mm kuber
- 1 stor äggula

FYLLNING:
- ½ kopp/120 ml tinad fryst passionsfruktpuré (maracuya eller parcha)
- 2 tsk gelatin utan smak
- 2 stora ägg, separerade, vid rumstemperatur
- ⅓ kopp/65 g socker
- ½ kopp/120 ml tjock grädde

SÅS:
- ⅔ kopp tinad fryst eller färskfröad passionsfruktpuré
- 3 msk socker, eller mer efter smak
- 1 tsk majsstärkelse
- 1 msk passionsfruktslikör eller bärnstensrom
- 1 recept vispad grädde

INSTRUKTIONER:

a) Värm ugnen till 375ºF/190ºC och placera ett galler i mitten.

SKORPA:

b) Mixa mjöl, socker och salt i en matberedare eller rör i en skål. Tillsätt kallt smör och pulsa tills det liknar en grov måltid.

c) Tillsätt äggulan och pulsa eller rör tills degen klumpar sig. Tryck ut degen i en 9-tums/23-cm tårtform med löstagbar botten, för att säkerställa jämn tjocklek. Stick hål i degen med en gaffel. Frys i 15 minuter.

d) Klä degen med aluminiumfolie, fyll med pajvikter eller torkade bönor och grädda tills den stelnar och börjar få färg (cirka 15 minuter). Ta bort folien och vikterna och fortsätt sedan att grädda tills de fått lite färg (ytterligare 15 minuter). Låt skorpan svalna helt på galler.

FYLLNING:

e) Kombinera passionsfruktpuré i en liten kastrull och strö gelatin ovanpå. Låt stå tills gelatinet mjuknar (ca 5 minuter). Koka på låg värme, under konstant omrörning, tills det är varmt men inte kokar och gelatinet är upplöst. Avlägsna från värme.
f) Vispa äggulor och socker tills det är ljusgult och tjockt. Blanda i den varma gelatinblandningen. Kyl i isvatten tills det tjocknat något (ca 5 minuter). Ta bort från isvatten.
g) Vispa äggvitan tills mjuka toppar bildas. Kombinera försiktigt med passionsfruktsblandningen. Vispa grädden tills det bildas hårda toppar och vänd sedan ner i passionsfruktsblandningen. Bred ut fyllningen i det avsvalnade tårtskalet. Kyl tills den stelnat (minst 2 timmar eller upp till 24 timmar).

SÅS:
h) Sjud passionsfruktspuré och socker i en kastrull. Smaka av sötma. Lös upp majsstärkelse i likör och rör ner i purén. Sjud tills det tjocknat. Kyl och kyl tills den är kyld (minst 2 timmar eller upp till 1 dag).
i) Överför vispad grädde till en konditoripåse med en ½-in/12-mm räfflade konditorivaror. Pipa grädde runt tårtkanterna. Ta bort tårtans sidor, skiva och servera med såsen. Njut av!

68.Chiffong sötpotatistårtor

INGREDIENSER:
FÖR SKORPA:
- 8 uns allsidigt mjöl
- 2 uns pulveriserat/konfektyrsocker
- En nypa salt
- 4 uns kylt smör, skuren i ½ tums kuber
- ½ uns förkortning
- 1 stort ägg, lätt uppvispat
- ¼ tesked vaniljextrakt

FÖR FYLLNING:
- 1 kuvert eller 1 msk gelatin
- ½ kopp farinsocker
- ½ tsk salt
- ½ tsk kanel
- ½ tesked muskotnöt
- ½ tsk ingefära
- 1 ¼ koppar sötpotatismos, mikrovågsugn
- 3 äggulor
- ½ kopp mjölk

INSTRUKTIONER:
FÖR SKORPA:
a) I en matberedare, pulsera all-purpose mjöl, strösocker och salt för att blanda.
b) Tillsätt kylt smör i tärningar och matfett. Pulsera tills en fin ströbrödsliknande konsistens uppnås.
c) Kombinera vaniljextrakt med uppvispat ägg och tillsätt det sedan till mjölblandningen med processorn igång. Sluta så fort degen har bildats ; undvika överblandning.
d) Ta bort degen, slå in den med plastfolie och låt stå i kylen i minst 30 minuter. Dela i små bollar som passar till tårtaformar, tryck sedan ut degen i formarna för att göra tarteletter.
e) Docka degen med en gaffel. Täck tarteletterna med aluminiumfolie och tyng ner dem med pajvikter eller bönor. Grädda i en förvärmd ugn vid 375°F i 10 minuter.

f) Ta ut ur ugnen, ta ut vikterna och folien och sätt tillbaka tarteletterna så att de blir färdigbruna i ytterligare 5 - 8 minuter.

FÖR FYLLNING:

g) Blomma gelatinet med 2 matskedar vatten.
h) Värm mjölk och socker tills sockret lösts upp . Ta av från värmen och tillsätt äggulorna, rör om väl.
i) Tillsätt gelatinet och koka tills det löst sig och smeten tjocknat. Stäng av värmen och tillsätt sötpotatismoset.
j) Lägg fyllningen i en spritspåse med stor stjärnspets och sprid ut den på de bakade tarteletterna.
k) Strö över krossad skivad mandel.
l) Njut av dessa härliga chiffongsötpotatistårtor med deras perfekta blandning av fläckig skorpa och kryddad sötpotatisfyllning!

69.Aprikos Chiffong Tårta

INGREDIENSER:
FÖR SKORPA:
- 5 uns mördegskakor, trasiga (t.ex. Walkers)
- ⅔ kopp hela råa mandlar
- ¼ kopp socker
- ½ tsk grovt salt
- 4 matskedar osaltat smör, smält

FÖR FYLLNING:
- 1 ¾ pund färska aprikoser (cirka 10), urkärnade och i fjärdedelar
- ¾ kopp vatten plus ⅓ kopp kallt vatten
- 1½ dl socker
- ½ tsk grovt salt
- 2 kuvert (4 ½ knappa teskedar) med gelatinpulver utan smak
- 5 stora ägg, separerade
- Rå mandel, hackad, till garnering

INSTRUKTIONER:
FÖR SKORPA:
a) Värm ugnen till 350°F.
b) Pulsera kakorna i en matberedare tills det bildas smulor (ca 1 kopp).
c) Tillsätt mandel, socker och salt till processorn; bearbeta tills mandeln är finmalen.
d) Tillsätt smält smör och bearbeta bara tills blandningen håller ihop.
e) Tryck blandningen jämnt i botten och upp på sidorna av en 9-tums räfflad tårtpanna med löstagbar botten.
f) Kyl tills den är fast, ca 15 minuter.
g) Grädda tills gyllenbrun, 17 till 20 minuter.
h) Lägg över till ett galler och låt svalna.

FÖR FYLLNING:
i) Koka upp aprikoser, ¾ kopp vatten, ¾ kopp socker och salt i en kastrull. Täck över, minska värmen och låt sjuda tills aprikoserna är väldigt mjuka, cirka 10 minuter. Ta bort från värmen och låt svalna i 20 minuter.
j) Mosa aprikoser och vätska i en mixer. Sila genom en fin sil i en skål (du bör ha 3 koppar puré; reservera ½ kopp).

k) I en liten skål, strö gelatin över den återstående ⅓ koppen kallt vatten och låt det stå tills det mjuknat, cirka 5 minuter.
l) Värm 2 ½ koppar aprikospuré i en medelstor kastrull över medelhög. Vispa upp mjukt gelatin till puré och rör tills gelatinet löst sig.
m) Förbered ett isvattenbad. I en medelstor skål, vispa ihop äggulor och ½ kopp socker. Vispa i en tredjedel av aprikos-gelatinblandningen och häll sedan tillbaka i pannan.
n) Koka på medelhög värme, under konstant omrörning, tills det tjocknat, 2 till 3 minuter. Häll genom en sil i en skål ställd i isvattenbadet. Vispa tills det precis börjar gela, cirka 5 minuter.
o) Vispa äggvitan i en separat skål tills mjuka toppar bildas. Tillsätt gradvis den återstående ¼ kopp sockret och vispa tills det bildas styva toppar, cirka 2 minuter.
p) Vispa ner en tredjedel av vitorna i aprikos-gelatinblandningen. Vänd försiktigt ner resterande vita.
q) Låt den svalna under omrörning tills blandningen är tillräckligt tjock för att samlas, 3 till 5 minuter.
r) Skeda i skorpan (den kommer att staplas högt).
s) Kyl pajen i 2 timmar eller upp till 1 dag.
t) Före servering, ringla över reserverad ½ kopp aprikospuré och strö över hackade nötter.

70.Hallon chiffong tårta

INGREDIENSER:
- 1 färdig syrlig skorpa (köpt i butik eller hemgjord)
- 2 dl färska hallon
- 1/4 kopp strösocker
- 1 msk citronsaft
- 1 kuvert smaklös gelatin
- 1/4 kopp kallt vatten
- 1 kopp tung grädde
- 1/4 kopp strösocker
- Färska hallon, till garnering

INSTRUKTIONER:
a) Förbered tårtskorpan enligt paketets instruktioner eller ditt valda recept. Låt den svalna helt.
b) I en kastrull, kombinera färska hallon, strösocker och citronsaft. Koka på medelvärme tills hallonen bryts ner och släpper saften, ca 5-7 minuter. Ta bort från värmen och låt svalna något.
c) I en liten skål, strö gelatinet över kallt vatten och låt det sitta i cirka 5 minuter för att mjukna.
d) När hallonblandningen har svalnat något, sila den genom en finmaskig sil för att ta bort fröna, tryck ner för att extrahera så mycket vätska som möjligt.
e) Häll tillbaka den silade hallonvätskan i kastrullen. Värm på låg värme tills den är varm men inte kokar. Tillsätt det uppmjukade gelatinet och rör tills det är helt upplöst. Ta bort från värmen och låt den svalna till rumstemperatur.
f) Vispa grädden med strösocker i en bunke tills det bildas styva toppar.
g) Vänd försiktigt ner den avsvalnade hallonblandningen i den vispade grädden tills den är väl blandad.
h) Häll hallonchiffongfyllningen i den avsvalnade tårtan och fördela den jämnt.
i) Ställ tårtan i kylen i minst 4 timmar eller tills den stelnat.
j) Innan servering garnera tårtan med färska hallon. Skiva och servera kyld.

71.Kokos chiffong tårta

INGREDIENSER:
- 1 färdig syrlig skorpa (köpt i butik eller hemgjord)
- 1 kopp sötad riven kokos, rostad
- 1 dl kokosmjölk
- 1/2 kopp strösocker
- 1 kuvert smaklös gelatin
- 1/4 kopp kallt vatten
- 1 kopp tung grädde
- 1/4 kopp strösocker
- Rostade kokosflingor, till garnering

INSTRUKTIONER:
a) Förbered tårtskorpan enligt paketets instruktioner eller ditt valda recept. Låt den svalna helt.
b) Fördela den rostade rivna kokosnöten jämnt över botten av den avsvalnade tårtskorpan.
c) Värm kokosmjölken och strösockret på medelvärme i en kastrull tills sockret löst sig och blandningen är varm men inte kokar.
d) I en liten skål, strö gelatinet över kallt vatten och låt det sitta i cirka 5 minuter för att mjukna.
e) När kokosmjölksblandningen är varm, tillsätt det mjukade gelatinet och rör om tills det är helt upplöst. Ta bort från värmen och låt den svalna till rumstemperatur.
f) Vispa grädden med strösocker i en bunke tills det bildas styva toppar.
g) Vänd försiktigt ner den avsvalnade kokosmjölksblandningen i den vispade grädden tills den är väl blandad.
h) Häll kokoschiffongfyllningen i den avsvalnade tårtan och fördela den jämnt.
i) Ställ tårtan i kylen i minst 4 timmar eller tills den stelnat.
j) Innan servering garnera tårtan med rostade kokosflingor. Skiva och servera kyld.

72.Blandad bärchiffongtårta

INGREDIENSER:
- 1 färdig syrlig skorpa (köpt i butik eller hemgjord)
- 2 koppar blandade färska bär (som jordgubbar, blåbär och björnbär)
- 1/4 kopp strösocker
- 1 msk citronsaft
- 1 kuvert smaklös gelatin
- 1/4 kopp kallt vatten
- 1 kopp tung grädde
- 1/4 kopp strösocker
- Färska myntablad, till garnering

INSTRUKTIONER:
a) Förbered tårtskorpan enligt paketets instruktioner eller ditt valda recept. Låt den svalna helt.
b) Blanda de blandade bären, strösockret och citronsaften i en kastrull. Koka på medelvärme tills bären mjuknar och släpper saften, ca 5-7 minuter. Ta bort från värmen och låt svalna något.
c) I en liten skål, strö gelatinet över kallt vatten och låt det sitta i cirka 5 minuter för att mjukna.
d) När bärblandningen har svalnat något, sila den genom en finmaskig sil för att ta bort eventuella frön.
e) Häll tillbaka den silade bärvätskan i kastrullen. Värm på låg värme tills den är varm men inte kokar. Tillsätt det uppmjukade gelatinet och rör tills det är helt upplöst. Ta bort från värmen och låt den svalna till rumstemperatur.
f) Vispa grädden med strösocker i en bunke tills det bildas styva toppar.
g) Vänd försiktigt ner den avsvalnade bärblandningen i den vispade grädden tills den är väl blandad.
h) Häll den blandade bärchiffongfyllningen i den avsvalnade tårtan och fördela den jämnt.
i) Ställ tårtan i kylen i minst 4 timmar eller tills den stelnat.
j) Innan servering, garnera tårtan med färska myntablad. Skiva och servera kyld.

LAGERDE DESSERTER

73.Choklad chiffongkrukor

INGREDIENSER:

- 1½ dl skummjölk
- 2 kuvert av gelatin utan smak
- 3 matskedar osötad kakao
- 2 matskedar strösocker
- Några korn salt
- 2 tsk vaniljextrakt
- 1 kopp isbitar (6 till 8)
- 4 teskedar halvsöta chokladspån

INSTRUKTIONER:

a) Häll mjölk i en medelstor kastrull. Tillsätt gelatin, kakao, socker och salt. Rör om på måttlig värme tills gelatinet är helt upplöst .
b) Ta bort kastrullen från värmen; tillsätt vanilj och rör om snabbt med en gaffel eller trådvisp för att blanda ingredienserna väl.
c) Häll blandningen i en mixer. Tillsätt isbitar, täck över och blanda på medelhastighet tills isbitarna löser sig.
d) Avtäck, rör om en gång med en gummispatel och låt blandningen stå i 2-3 minuter för att ge gelé.
e) Häll upp chokladchiffongblandningen i 4 dessertträtter eller parfaitglas.
f) Toppa varje portion med 1 tesked halvsöt chokladspån.
g) Njut av dina härliga och kylda chokladchiffongkrukor!

74. Citron Chiffong Pudding

INGREDIENSER:
- 1 kopp socker
- 3 matskedar smör
- 4 matskedar Mjöl
- ¼ tesked salt
- ¼ kopp citronsaft
- ½ citron, rivet skal av
- 1 kopp mjölk
- 3 ägg, separerade

INSTRUKTIONER:
a) Blanda socker, mjöl, salt och smör.
b) Tillsätt citronsaft och rivet citronskal och tillsätt sedan vispade äggulor. Vispa tills ingredienserna är ordentligt blandade.
c) Tillsätt mjölk och blanda i blandningen.
d) Vänd ner hårt vispad äggvita.
e) Häll blandningen i en smord ugnsform och ställ den i en kastrull med varmt vatten.
f) Grädda i 350°F i 45 minuter.
g) Servera varm.

75.Mango och Lime Chiffong Trifle

INGREDIENSER:
- 4 äggulor
- 2 tsk pulveriserat gelatin
- 2 tsk fint rivet limeskal
- ½ kopp limejuice
- ⅔ kopp strösocker
- 3 äggvitor
- 2 medelstora mango, tunt skivade
- ½ x 460 g rund dubbel ofylld sockerkaka, skuren i 2 cm bitar (se anmärkning)
- 300 ml förtjockad grädde, vispad

INSTRUKTIONER:
FÖRBERED LIME CHIFFON BLANDNING
a) Blanda äggulor, gelatin, limeskal, ⅓ kopp limejuice och hälften av sockret i en medelvärmebeständig skål.
b) Ställ skålen över en medelstor kastrull med sjudande vatten.
c) Vispa blandningen över värme i 2 till 3 minuter eller tills den tjocknat.
d) Ta bort skålen från värmen och låt den svalna.

FÖRBERED MARÄNG
e) Använd en elektrisk mixer och vispa äggvitan i en skål tills mjuka toppar bildas.
f) Tillsätt gradvis det återstående sockret, vispa tills sockret löser sig efter varje tillsats.
g) Vänd ner marängen i limeblandningen, i två omgångar.

SAMMANSTÄLL BATADEN
h) Mixa eller bearbeta ⅓ av mangon tills den är slät. Kyl tills det behövs.
i) Ordna kakan i botten av en 2-liters (8-koppars) glasserveringsskål.
j) Strö över resterande limejuice.
k) Toppa med resterande skivad mangon.
l) Fördela lime chiffongblandningen över mangon.
m) Kyl i 3 timmar eller över natten, om tiden tillåter.
n) Toppa bagatellen med vispad grädde och ringla över mangopuré.
o) Servera och njut av denna förtjusande Mango och Lime Chiffong Trifle.

76. Strawberry Chiffong Cheesecake Parfaits

INGREDIENSER:
FÖR FYLLNING:
- 1 ¼ tsk gelatin utan smak (halva paketet)
- ⅔ kopp ananasjuice
- 8 uns paket fettfri gräddost, mjukad till rumstemperatur ELLER yoghurt silad i 24 timmar
- 42 gram frystorkade jordgubbar (ca 1 kopp), malda till ett pulver
- 4 matskedar strösocker
- 2 stora ägg, separerade
- ¼ tesked koshersalt

FÖR SKORPA:
- 20 Graham Crackers (5 ark), bearbetade till smulor
- 1 msk farinsocker
- 1 msk smör, smält
- 2 nypor koshersalt

INSTRUKTIONER:
FÖR GRAHAM CRACKER Crust:
a) Kombinera grahamssmulor, socker och smält smör. Blanda väl för att kombinera och förvara i en lufttät behållare.

FÖR FYLLNING:
b) Bearbeta de frystorkade jordgubbarna i en matberedare eller mixer tills det blir ett fint pulver. Avsätta.
c) Vispa den mjukgjorda färskosten i en skål utrustad med en paddelmixer. Tillsätt jordgubbspulvret och vispa på hög hastighet tills det är krämigt och slätt.
d) Blanda gelatin och ananasjuice i en liten kastrull. Ställ åt sidan för att blomma i ca 5 minuter.
e) Vispa äggvitorna i en separat skål tills det bildas styva toppar. Avsätta.
f) På låg värme, rör om gelatinblandningen tills den är helt upplöst. Avlägsna från värme.
g) I en annan skål, vispa ihop äggulorna och sockret tills gulorna blir ljusgula.

h) För att temperera äggulan, tillsätt gradvis små mängder av den varma gelatinblandningen under vispning för att förhindra förvrängning.
i) Blanda ner den tempererade äggvleblandningen i kastrullen med den återstående gelatinblandningen. Koka på medel-låg värme, under konstant omrörning, tills blandningen tjocknar något (cirka 3-5 minuter).
j) På låg hastighet, tillsätt gradvis cirka ⅓ av gelatinblandningen till färskostblandningen. Upprepa tills allt gelatin är inkorporerat. Ta bort skålen från mixern.
k) Vänd försiktigt ner den styva äggvitan tills den är helt införlivad.

ATT SÄTTA PARFAITS:
l) Häll cirka ½ kopp av chiffongfyllningen i varje serveringskopp.
m) Upprepa processen för de återstående parfaiten.
n) Kyl tills den är fast, cirka 1 till 1 ½ timme.
o) Innan servering, strö 1 matsked Graham Cracker Crust på toppen och garnera med tärnade färska jordgubbar.
p) Njut av dessa härliga Strawberry Chiffong Cheesecake Parfaits, en perfekt njutning för att välkomna våren !

77.Chiffong Tiramisu

INGREDIENSER:
FÖR CHIFFONGKAKA:
- 1 dl kakmjöl
- 1 kopp strösocker
- 1 tsk bakpulver
- ½ tsk salt
- ¼ kopp vegetabilisk olja
- ¼ kopp vatten
- 6 stora ägg, separerade
- 1 tsk vaniljextrakt
- ¼ tesked grädde av tandsten

FÖR TIRAMISU-FYLLNING:
- 1 kopp starkt bryggkaffe, kylt
- ¼ kopp kaffelikör (t.ex. Kahlúa)
- 3 msk kakaopulver, delat
- 8 uns mascarponeost, mjukad
- 1 kopp tung grädde
- ½ kopp strösocker
- 1 tsk vaniljextrakt

FÖR MONTERING:
- Kakaopulver, för att pudra
- Chokladspån eller riven choklad

INSTRUKTIONER:
CHIFFONGKAKA:
a) Värm ugnen till 325°F (163°C). Smörj och mjöla en 9-tums rund kakform.
b) I en stor skål, vispa ihop kakmjöl, socker, bakpulver och salt.
c) I en separat skål, vispa ihop olja, vatten, äggulor och vaniljextrakt.
d) Tillsätt gradvis de våta ingredienserna till de torra ingredienserna, blanda tills det är slätt.
e) I en annan ren, torr skål, vispa äggvita och grädde av tartar tills det bildas styva toppar.
f) Vänd försiktigt ner äggviteblandningen i smeten tills den är väl blandad.
g) Häll smeten i den förberedda pannan och jämna till toppen.

h) Grädda i 35-40 minuter eller tills en tandpetare som sticks in i mitten kommer ut ren.
i) Låt kakan svalna helt innan du tar ut den från formen.

TIRAMISU FYLLNING:
j) Kombinera bryggkaffe och kaffelikör i en grund skål. Avsätta.
k) Sikta 2 matskedar kakaopulver i en liten skål.
l) Vispa ihop mascarponeost, strösocker och vaniljextrakt i en bunke tills det är slätt.
m) Vispa grädden i en separat skål tills det bildas styva toppar.
n) Vänd försiktigt ner den vispade grädden i mascarponeblandningen tills den är väl blandad.

HOPSÄTTNING:
o) Skiva den avsvalnade chiffongkakan horisontellt i två jämna lager.
p) Doppa varje kaklager i kaffeblandningen och se till att de är väl genomdränkta men inte blöta.
q) Lägg ett blött tårtlager i botten av ett serveringsfat.
r) Bred ut ett lager av mascarponeblandningen över det blötlagda kaklagret.
s) Strö hälften av det siktade kakaopulvret över mascarponelagret.
t) Upprepa processen med det andra tårtlagret, mascarponeblandningen och återstående kakaopulver.
u) Avsluta med att pudra toppen med kakaopulver och garnera med chokladspån eller riven choklad.
v) Kyl i minst 4 timmar eller över natten så att smakerna smälter samman.
w) Skiva och servera kyld.

78.Chiffongmousse för hallon och vit choklad

INGREDIENSER:

FÖR CHIFFONGKAKALAGET:
- 1 lager chiffongkaka (du kan använda valfritt recept på chiffongkaka)

FÖR HALLONMOUSSELAGET:
- 2 dl färska hallon
- 1/4 kopp strösocker
- 1 msk citronsaft
- 2 tsk gelatinpulver
- 1/4 kopp kallt vatten
- 1 kopp tung grädde

FÖR DET VIT CHOKLADMOUSSELAGET:
- 6 uns vit choklad, hackad
- 1 1/2 koppar tung grädde, uppdelad
- 1 tsk vaniljextrakt

INSTRUKTIONER:

a) Förbered chiffongkakalagret enligt ditt valda recept och låt det svalna helt.
b) För hallonmousselagret puréer du hallonen i en mixer eller matberedare. Sila purén genom en finmaskig sil för att ta bort fröna.
c) I en kastrull, kombinera hallonpuré, socker och citronsaft. Koka på medelvärme tills sockret lösts upp . Avlägsna från värme.
d) I en liten skål, strö gelatin över kallt vatten och låt det blomma i 5 minuter. Mikrovågsugn gelatinblandningen i 10-15 sekunder tills den lösts upp.
e) Rör ner det lösta gelatinet i den varma hallonblandningen tills det är väl blandat. Låt den svalna till rumstemperatur.
f) Vispa grädden i en bunke tills det bildas styva toppar. Vänd försiktigt ner den vispade grädden i hallonblandningen tills den är slät och väl blandad.
g) Fördela hallonmoussen jämnt över chiffongkakalagret i ett serveringsfat eller enstaka glas. Kyl medan du förbereder det vita chokladmousselagret.

h) För det vita chokladmousselagret, smält den vita chokladen med 1/2 kopp tjock grädde i en värmesäker skål över en kastrull med sjudande vatten (dubbelkokare). Rör tills det är slätt och krämigt. Ta bort från värmen och låt den svalna till rumstemperatur.
i) Vispa den återstående 1 koppen tjock grädde och vaniljextrakt i en annan blandningsskål tills det bildas styva toppar.
j) Vänd försiktigt ner den vispade grädden i den avsvalnade vita chokladblandningen tills den är slät och väl blandad.
k) Bred försiktigt ut den vita chokladmoussen över hallonmousselagret.
l) Kyl den skiktade desserten i minst 4 timmar eller tills den stelnat.
m) Innan servering, garnera med färska hallon eller vit chokladspån om så önskas. Njut av den utsökta kombinationen av hallon och vit chokladsmak!

79.Blåbär och citron chiffong parfait

INGREDIENSER:

FÖR CHIFFONGKAKALAGET:
- 1 lager chiffongkaka (du kan använda valfritt recept på chiffongkaka)

FÖR BLÅBÄRSKOMPOTLAGERET:
- 2 dl färska eller frysta blåbär
- 1/4 kopp strösocker
- 1 msk citronsaft
- 1 tsk majsstärkelse
- 2 matskedar kallt vatten

FÖR LEMON MOUSSE LAGER:
- 1 kopp tung grädde
- 1/4 kopp strösocker
- Skal av 1 citron
- 2 msk citronsaft
- 1 tsk gelatinpulver
- 2 matskedar kallt vatten

INSTRUKTIONER:

a) Förbered chiffongkakalagret enligt ditt valda recept och låt det svalna helt.

b) För blåbärskompottlagret, kombinera blåbär, socker och citronsaft i en kastrull. Koka på medelvärme tills blåbären spricker och släpper saften.

c) I en liten skål, lös majsstärkelse i kallt vatten. Rör ner majsstärkelseblandningen i blåbärsblandningen och koka tills den tjocknat under konstant omrörning. Ta bort från värmen och låt den svalna till rumstemperatur.

d) För citronmousselagret, vispa grädden, strösockret, citronskalet och citronsaften tills mjuka toppar bildas.

e) I en liten skål, strö gelatin över kallt vatten och låt det blomma i 5 minuter. Mikrovågsugn gelatinblandningen i 10-15 sekunder tills den lösts upp.

f) Tillsätt gradvis det upplösta gelatinet till den vispade gräddblandningen, vispa tills det bildas styva toppar.

g) För att montera parfaiten, smula sönder chiffongkakan och dela den mellan serveringsglas.
h) Toppa tårtlagret med en sked blåbärskompott, följt av ett lager citronmousse.
i) Upprepa lagren tills glasen är fyllda , avsluta med en klick citronmousse på toppen.
j) Ställ parfaiten i kylen i minst 2 timmar eller tills de stelnat.
k) Innan servering, garnera med färska blåbär och citronskivor om så önskas. Njut av den uppfriskande kombinationen av blåbärs- och citronsmaker!

80.Kokos och ananas chiffong bagatell

INGREDIENSER:

FÖR CHIFFONGKAKALAGET:
- 1 lager chiffongkaka (du kan använda valfritt recept på chiffongkaka)

FÖR FYLLNINGSLAGER FÖR ANANAS:
- 2 koppar färsk ananas, tärnad
- 1/4 kopp strösocker
- 1 msk majsstärkelse
- 2 matskedar kallt vatten
- 1/2 dl riven kokos

FÖR KOKOSGREMSLAGET:
- 1 burk (13,5 oz) kokosmjölk, kyld
- 1/4 kopp strösocker
- 1 tsk vaniljextrakt
- 1/2 kopp riven kokos, rostad (valfritt, för garnering)

INSTRUKTIONER:

a) Förbered chiffongkakalagret enligt ditt valda recept och låt det svalna helt.

b) För ananasfyllningsskiktet, kombinera den tärnade ananasen och sockret i en kastrull. Koka på medelvärme tills ananasen mjuknat och släpper saften.

c) I en liten skål, lös majsstärkelse i kallt vatten. Rör ner majsstärkelseblandningen i ananasblandningen och koka tills den tjocknat under konstant omrörning. Ta bort från värmen och låt den svalna till rumstemperatur.

d) Rör ner strimlad kokos i ananasblandningen.

e) För kokosgräddelagret öppnar du den kylda burken med kokosmjölk och öser ur den fasta kokosgrädden som har stigit till toppen och lämnar kvar kokosvattnet. Lägg kokosgrädden i en mixerskål.

f) Tillsätt strösocker och vaniljextrakt i kokosgrädden. Vispa tills den är slät och krämig.

g) För att montera ihop desserten, smula ner chiffongkakalagret och fördela hälften av det jämnt i botten av ett serveringsfat.

h) Bred ut ananasfyllningen över kakskiktet.

i) Bred ut kokosgrädden över ananasfyllningen.
j) Upprepa lagren med de återstående kaksmulorna, ananasfyllningen och kokosgrädden.
k) Eventuellt, garnera toppen med rostad riven kokos.
l) Kyl desserten i minst 2 timmar innan servering så att smakerna smälter samman.
m) Skiva och servera chiffongglädjen av kokosnöt och ananas och njut av de tropiska smakerna!

81. Black Forest Chiffong Cake Trifle

INGREDIENSER:
FÖR CHIFFONGKAKALAGET:
- 1 lager chiffongkaka (du kan använda valfritt recept på chiffongkaka)

FÖR KÖRSBÄRSFYLLNING:
- 2 dl urkärnade körsbär, färska eller frysta
- 1/4 kopp strösocker
- 1 msk majsstärkelse
- 2 matskedar kallt vatten
- 1 msk citronsaft
- 1/2 tsk mandelextrakt (valfritt)

FÖR LAGET PISKAD Grädde:
- 2 koppar tung grädde
- 1/4 kopp strösocker
- 1 tsk vaniljextrakt

FÖR MONTERING:
- Chokladspån eller lockar, för garnering (valfritt)

INSTRUKTIONER:
a) Förbered chiffongkakalagret enligt ditt valda recept och låt det svalna helt.
b) För körsbärsfyllningen, kombinera de urkärnade körsbären, sockret, citronsaften och mandelextraktet (om du använder det) i en kastrull. Koka på medelvärme tills körsbären släpper saften.
c) I en liten skål, lös majsstärkelse i kallt vatten. Rör ner majsstärkelseblandningen i körsbärsblandningen och koka tills den tjocknat under konstant omrörning. Ta bort från värmen och låt den svalna till rumstemperatur.
d) För vispad grädde, vispa den tunga grädden, strösockret och vaniljextraktet tills det bildas styva toppar.
e) För att sätta ihop bagatellen skär du chiffongkakalagret i små kuber.
f) Varva hälften av kaktärningarna i botten av ett småfat eller enstaka portionsglas.
g) Häll hälften av körsbärsfyllningen över kaktärningarna, fördela jämnt.

h) Bred hälften av den vispade grädden över körsbärsfyllningen.
i) Upprepa lagren med de återstående kaktärningarna, körsbärsfyllningen och vispad grädde.
j) Eventuellt garnera toppen med chokladspån eller lockar.
k) Kyl bagatellen i minst 1 timme innan servering så att smakerna smälter samman.
l) Servera kyld och njut av de läckra lagren av denna Schwarzwald-inspirerade dessert!

82.Kokos och Mango Chiffong Parfait

INGREDIENSER:
FÖR CHIFFONGKAKALAGET:
- 1 lager chiffongkaka (du kan använda valfritt recept på chiffongkaka)

FÖR MANGO PURE LAGER:
- 2 mogna mango, skalade och tärnade
- 2 matskedar strösocker (anpassa efter smak)
- 1 msk citronsaft

FÖR KOKOSGREMSLAGET:
- 1 burk (13,5 oz) kokosmjölk, kyld
- 1/4 kopp strösocker
- 1 tsk vaniljextrakt

INSTRUKTIONER:
a) Förbered chiffongkakalagret enligt ditt valda recept och låt det svalna helt.
b) För mangopurélagret, blanda tärnad mangon, sockret och citronsaften i en mixer eller matberedare tills den är slät. Justera sockret efter smak.
c) För kokosgräddelagret öppnar du den kylda burken med kokosmjölk och öser ur den fasta kokosgrädden som har stigit till toppen och lämnar kvar kokosvattnet. Lägg kokosgrädden i en mixerskål.
d) Tillsätt strösocker och vaniljextrakt i kokosgrädden. Vispa tills den är slät och krämig.
e) För att sätta ihop parfaiten, smula ner chiffongkakalagret i botten av serveringsglas.
f) Häll ett lager mangopuré över kaksmulorna.
g) Toppa med ett lager kokosgrädde.
h) Upprepa lagren tills glasen är fyllda , avsluta med en klick kokosgrädde på toppen.
i) Eventuellt garnera med ytterligare tärnad mango eller rostade kokosflingor.
j) Kyl parfaiten i minst 1 timme innan servering så att smakerna smälter samman.
k) Servera kyld och njut av den tropiska kombinationen av kokos- och mangosmaker!

83.Peach Melba Chiffong Cake Trifle

INGREDIENSER:
FÖR CHIFFONGKAKALAGET:
- 1 lager chiffongkaka (du kan använda valfritt recept på chiffongkaka)

FÖR PEACH COMPOTE LAGER:
- 2 koppar skivade persikor, färska eller konserverade (avrunna)
- 2 matskedar strösocker
- 1 msk citronsaft

FÖR HALLONSÅSLAGER:
- 1 dl färska hallon
- 2 matskedar strösocker
- 1 msk citronsaft

FÖR LAGET PISKAD Grädde:
- 2 koppar tung grädde
- 1/4 kopp strösocker
- 1 tsk vaniljextrakt

INSTRUKTIONER:
a) Förbered chiffongkakalagret enligt ditt valda recept och låt det svalna helt.
b) För persikokompottlagret, kombinera de skivade persikorna, sockret och citronsaften i en kastrull. Koka på medelvärme tills persikorna är mjuka och släpper ut saften.
c) Blanda de färska hallonen, sockret och citronsaften i en mixer eller matberedare tills det är jämnt för skiktet med hallonsås. Sila blandningen genom en finmaskig sil för att ta bort fröna.
d) För vispad grädde, vispa den tunga grädden, strösockret och vaniljextraktet tills det bildas styva toppar.
e) För att sätta ihop bagatellen skär du chiffongkakalagret i små kuber.
f) Varva hälften av kaktärningarna i botten av ett småfat eller enstaka portionsglas.
g) Skeda hälften av persikokompotten över kaktärningarna, fördela jämnt.
h) Ringla hälften av hallonsåsen över persikokompotten.
i) Bred hälften av den vispade grädden över hallonsåsen.
j) Upprepa lagren med de återstående kaktärningarna, persikokompott, hallonsås och vispad grädde.
k) Kyl bagatellen i minst 1 timme innan servering så att smakerna smälter samman.
l) Servera kyld och njut av den härliga kombinationen av persikor och hallon i denna Peach Melba-inspirerade dessert!

84.Pistage och körsbärs chiffong parfait

INGREDIENSER:
FÖR CHIFFONGKAKALAGET:
- 1 lager chiffongkaka (du kan använda valfritt recept på chiffongkaka)

FÖR KÖRSBÄRSKOMPOTLAGERET:
- 2 dl urkärnade körsbär, färska eller frysta
- 2 matskedar strösocker
- 1 msk citronsaft

FÖR LAGERET PISTAGEKRÄM:
- 1 kopp tung grädde
- 1/4 kopp strösocker
- 1 tsk mandelextrakt
- 1/2 dl skalade pistagenötter, fint hackade

INSTRUKTIONER:
a) Förbered chiffongkakalagret enligt ditt valda recept och låt det svalna helt.
b) För körsbärskompottskiktet, kombinera de urkärnade körsbären, sockret och citronsaften i en kastrull. Koka på medelvärme tills körsbären släpper saften och blandningen tjocknar något. Ta bort från värmen och låt den svalna till rumstemperatur.
c) För pistagekrämlagret, vispa grädden, strösockret och mandelextraktet tills det bildas styva toppar.
d) Vänd ner de finhackade pistagenötterna i den vispade grädden tills den är jämnt fördelad.
e) För att sätta ihop parfaiten, smula ner chiffongkakalagret i botten av serveringsglas.
f) Häll ett lager körsbärskompott över kaksmulorna.
g) Toppa med ett lager pistagekräm.
h) Upprepa lagren tills glasen är fyllda , avsluta med en klick pistagekräm på toppen.

CHIFFONGSTANGAR OCH RUTOR

85.Citron Chiffongstänger

INGREDIENSER:
FÖR SKORPA:
- 1 1/2 dl grahamssmulor
- 1/4 kopp strösocker
- 1/2 kopp osaltat smör, smält

FÖR FYLLNING:
- 4 stora ägg, separerade
- 1 kopp strösocker
- 1/4 kopp citronsaft
- 1 msk citronskal
- 1/4 kopp universalmjöl
- Pulversocker, för att pudra (valfritt)

INSTRUKTIONER:
a) Värm ugnen till 350°F (175°C). Smörj en 9x13-tums bakform.
b) I en mixerskål, kombinera grahamssmulor, socker och smält smör. Tryck ut blandningen jämnt i botten av den förberedda bakformen.
c) Vispa äggulor med strösocker i en annan blandningsskål tills det blir ljust och fluffigt.
d) Rör ner citronsaft och citronskal tills det är väl blandat.
e) Rör gradvis i mjöl tills det är slätt.
f) Vispa äggvitan i en separat skål tills det bildas styva toppar.
g) Vänd försiktigt ner vispad äggvita i citronblandningen tills det inte finns några ränder kvar.
h) Häll citronchiffongblandningen över skorpan i bakformen.
i) Grädda i den förvärmda ugnen i 25-30 minuter eller tills den stelnat och är lätt gyllene på toppen.
j) Ta ut ur ugnen och låt den svalna helt i pannan.
k) När svalnat, pudra toppen med strösocker om så önskas.
l) Skär i rutor eller barer och servera. Njut av den syrliga och uppfriskande smaken av dessa citronchiffongstänger!

86. Choklad chiffong brownies

INGREDIENSER:
FÖR BROWNIE LAYER:
- 1/2 kopp osaltat smör
- 1 kopp strösocker
- 2 stora ägg
- 1 tsk vaniljextrakt
- 1/3 kopp osötat kakaopulver
- 1/2 kopp universalmjöl
- 1/4 tsk salt
- 1/4 tsk bakpulver

FÖR CHIFFONGLAGET:
- 4 stora ägg, separerade
- 3/4 kopp strösocker
- 1/2 kopp osaltat smör, smält och kylt
- 1/4 kopp vatten
- 1 tsk vaniljextrakt
- 3/4 kopp universalmjöl
- 1/4 tsk grädde av tandsten

INSTRUKTIONER:
a) Värm ugnen till 350°F (175°C). Smörj en 9x13-tums bakform.
b) För brownielagret, smält smöret i en kastrull på låg värme. Ta av från värmen och rör ner socker, ägg och vaniljextrakt tills det är väl blandat.
c) Rör ner kakaopulver, mjöl, salt och bakpulver tills det är slätt.
d) Fördela browniesmeten jämnt i botten av den förberedda bakformen.
e) För chiffongskiktet, vispa äggulor tills det blir tjockt och citronfärgat. Vispa gradvis i socker.
f) Rör i smält smör, vatten och vaniljextrakt tills det är väl blandat.
g) Rör gradvis i mjöl tills det är slätt.
h) I en separat skål, vispa äggvita och grädde av tartar tills det bildas styva toppar.
i) Vänd försiktigt ner vispad äggvita i chiffongsmeten tills det inte finns några ränder kvar.
j) Häll chiffongsmeten över browniesmeten i bakformen.

k) Grädda i den förvärmda ugnen i 30-35 minuter eller tills den stelnat och är lätt gyllene på toppen.
l) Ta ut ur ugnen och låt den svalna helt i pannan.
m) När svalnat, skär i barer och servera. Njut av den dekadenta kombinationen av chokladbrownie och lätta chiffonglager!

87. Kokos chiffong rutor

INGREDIENSER:

FÖR SKORPA:
- 1 1/2 dl grahamssmulor
- 1/4 kopp strösocker
- 1/2 kopp osaltat smör, smält

FÖR FYLLNING:
- 4 stora ägg, separerade
- 1 kopp strösocker
- 1/2 kopp osaltat smör, smält och kylt
- 1 dl kokosmjölk
- 1 tsk vaniljextrakt
- 1 1/2 dl riven kokos

INSTRUKTIONER:

a) Värm ugnen till 350°F (175°C). Smörj en 9x13-tums bakform.
b) I en mixerskål, kombinera grahamssmulor, socker och smält smör. Tryck ut blandningen jämnt i botten av den förberedda bakformen.
c) Vispa äggulor i en annan blandningsskål tills den blir tjock och citronfärgad. Vispa gradvis i socker.
d) Rör ner smält smör, kokosmjölk och vaniljextrakt tills det är väl blandat.
e) Rör ner strimlad kokos tills den är jämnt fördelad.
f) Vispa äggvitan i en separat skål tills det bildas styva toppar.
g) Vänd försiktigt ner vispad äggvita i kokosblandningen tills det inte finns några ränder kvar.
h) Häll kokoschiffongblandningen över skorpan i bakformen.
i) Grädda i den förvärmda ugnen i 25-30 minuter eller tills den stelnat och är lätt gyllene på toppen.
j) Ta ut ur ugnen och låt den svalna helt i pannan.
k) När svalnat, skär i rutor och servera. Njut av den tropiska smaken av dessa kokoschiffongrutor!

88.Orange chiffongstänger

INGREDIENSER:
FÖR SKORPA:
- 1 1/2 dl grahamssmulor
- 1/4 kopp strösocker
- 1/2 kopp osaltat smör, smält

FÖR FYLLNING:
- 4 stora ägg, separerade
- 1 kopp strösocker
- 1/2 dl färskpressad apelsinjuice
- 1 msk apelsinskal
- 1/4 kopp osaltat smör, smält och kylt
- 1/4 kopp universalmjöl

INSTRUKTIONER:
a) Värm ugnen till 350°F (175°C). Smörj en 9x13-tums bakform.
b) I en mixerskål, kombinera grahamssmulor, socker och smält smör. Tryck ut blandningen jämnt i botten av den förberedda bakformen.
c) Vispa äggulor i en annan blandningsskål tills den blir tjock och citronfärgad. Vispa gradvis i socker.
d) Rör i apelsinjuice, apelsinskal, smält smör och mjöl tills det är väl blandat.
e) Vispa äggvitan i en separat skål tills det bildas styva toppar.
f) Vänd försiktigt ner vispad äggvita i apelsinblandningen tills det inte finns några ränder kvar.
g) Häll den orange chiffongblandningen över skorpan i bakformen.
h) Grädda i den förvärmda ugnen i 25-30 minuter eller tills den stelnat och är lätt gyllene på toppen.
i) Ta ut ur ugnen och låt den svalna helt i pannan.
j) När svalnat, skär i barer och servera. Njut av den citrusiga godheten hos dessa orange chiffongstänger!

89. Jordgubbs chiffongrutor

INGREDIENSER:
FÖR SKORPA:
- 1½ koppar Graham wafer smulor
- ⅓ kopp Margarin, smält

FÖR FYLLNING:
- ¾ kopp kokande vatten
- 1 förpackning Strawberry Jello
- 1 kopp Eagle Brand mjölk (sötad kondenserad mjölk)
- ⅓ kopp citronsaft
- 1 förpackning frysta skivade jordgubbar
- 3 koppar miniatyrmarshmallows
- ½ pint Vispgrädde, vispad

INSTRUKTIONER:
FÖR SKORPA:
a) Kombinera grahamsrånsmulor och smält margarin.
b) Klappa blandningen på botten av en 9 x 13-tums panna.

FÖR FYLLNING:
c) Lös upp jordgubbsjellon i kokande vatten i en stor skål.
d) Rör ner sötad kondenserad mjölk, citronsaft, frysta skivade jordgubbar och marshmallows.
e) Vänd ner den vispade grädden.
f) Häll blandningen över smulskorpan.
g) Kyl tills den stelnat, cirka 2 timmar.

90.Key Lime Chiffongstänger

INGREDIENSER:
FÖR SKORPA:
- 1 1/2 dl grahamssmulor
- 1/4 kopp strösocker
- 1/2 kopp osaltat smör, smält

FÖR FYLLNING:
- 4 stora ägg, separerade
- 1 kopp strösocker
- 1/2 kopp färskpressad nyckellimejuice
- 1 msk key lime zest
- 1/4 kopp osaltat smör, smält och kylt
- 1/4 kopp universalmjöl

INSTRUKTIONER:
a) Värm ugnen till 350°F (175°C). Smörj en 9x13-tums bakform.
b) I en mixerskål, kombinera grahamssmulor, socker och smält smör. Tryck ut blandningen jämnt i botten av den förberedda bakformen.
c) Vispa äggulor i en annan blandningsskål tills den blir tjock och citronfärgad. Vispa gradvis i socker.
d) Rör ner nyckellimejuice, nyckellimeskal, smält smör och mjöl tills det är väl blandat.
e) Vispa äggvitan i en separat skål tills det bildas styva toppar.
f) Vänd försiktigt ner vispad äggvita i limeblandningen tills det inte finns några ränder kvar.
g) Häll key lime chiffongblandningen över skorpan i bakformen.
h) Grädda i den förvärmda ugnen i 25-30 minuter eller tills den stelnat och är lätt gyllene på toppen.
i) Ta ut ur ugnen och låt den svalna helt i pannan.
j) När svalnat, skär i barer och servera. Njut av den syrliga och uppfriskande smaken av dessa key lime chiffongbars!

91. Ananas chiffong rutor

INGREDIENSER:

FÖR SKORPA:
- 1 1/2 dl grahamssmulor
- 1/4 kopp strösocker
- 1/2 kopp osaltat smör, smält

FÖR FYLLNING:
- 4 stora ägg, separerade
- 1 kopp strösocker
- 1/2 kopp krossad ananas, avrunnen
- 1/4 kopp osaltat smör, smält och kylt
- 1/4 kopp universalmjöl

INSTRUKTIONER:
a) Värm ugnen till 350°F (175°C). Smörj en 9x13-tums bakform.
b) I en mixerskål, kombinera grahamssmulor, socker och smält smör. Tryck ut blandningen jämnt i botten av den förberedda bakformen.
c) Vispa äggulor i en annan blandningsskål tills den blir tjock och citronfärgad. Vispa gradvis i socker.
d) Rör ner krossad ananas och smält smör tills det är väl blandat.
e) Rör gradvis i mjöl tills det är slätt.
f) Vispa äggvitan i en separat skål tills det bildas styva toppar.
g) Vänd försiktigt ner vispad äggvita i ananasblandningen tills det inte finns några ränder kvar.
h) Häll ananas chiffongblandningen över skorpan i bakformen.
i) Grädda i den förvärmda ugnen i 25-30 minuter eller tills den stelnat och är lätt gyllene på toppen.
j) Ta ut ur ugnen och låt den svalna helt i pannan.
k) När svalnat, skär i rutor och servera. Njut av den tropiska smaken av dessa ananas chiffongrutor!

92.Blandade bär chiffongstänger

INGREDIENSER:
FÖR SKORPA:
- 1 1/2 dl grahamssmulor
- 1/4 kopp strösocker
- 1/2 kopp osaltat smör, smält

FÖR FYLLNING:
- 4 stora ägg, separerade
- 1 kopp strösocker
- 1 kopp blandade bär (som hallon, blåbär och björnbär)
- 1/4 kopp osaltat smör, smält och kylt
- 1/4 kopp universalmjöl

INSTRUKTIONER:
a) Värm ugnen till 350°F (175°C). Smörj en 9x13-tums bakform.
b) I en mixerskål, kombinera grahamssmulor, socker och smält smör. Tryck ut blandningen jämnt i botten av den förberedda bakformen.
c) Vispa äggulor i en annan blandningsskål tills den blir tjock och citronfärgad. Vispa gradvis i socker.
d) Rör ner blandade bär och smält smör tills det är väl blandat.
e) Rör gradvis i mjöl tills det är slätt.
f) Vispa äggvitan i en separat skål tills det bildas styva toppar.
g) Vänd försiktigt ner vispad äggvita i bärblandningen tills det inte finns några ränder kvar.
h) Häll den blandade bärchiffongblandningen över skorpan i bakformen.
i) Grädda i den förvärmda ugnen i 25-30 minuter eller tills den stelnat och är lätt gyllene på toppen.
j) Ta ut ur ugnen och låt den svalna helt i pannan.
k) När svalnat, skär i barer och servera. Njut av bärsmak i dessa blandade bärchiffongbars!

CHIFFONGBRÖD

93.Chiffong Bananbröd

INGREDIENSER:

- 2 koppar universalmjöl
- 1 tsk bakpulver
- 1/2 tsk bakpulver
- 1/2 tsk salt
- 3 mogna bananer, mosade
- 3/4 kopp strösocker
- 1/2 kopp vegetabilisk olja
- 3 stora ägg, separerade
- 1/4 kopp mjölk
- 1 tsk vaniljextrakt

INSTRUKTIONER:

a) Värm ugnen till 350°F (175°C). Smörj och mjöla en 9x5-tums brödform.
b) I en stor skål, sikta ihop mjöl, bakpulver, bakpulver och salt.
c) I en annan skål, vispa ihop mosade bananer, strösocker, vegetabilisk olja, äggulor, mjölk och vaniljextrakt tills de är väl kombinerade.
d) Tillsätt gradvis de torra ingredienserna till bananblandningen och rör om tills det precis blandas.
e) Vispa äggvitorna i en separat skål tills det bildas styva toppar.
f) Vänd försiktigt ner den vispade äggvitan i banansmeten tills det inte finns några ränder kvar.
g) Häll smeten i den förberedda brödformen och jämna till toppen med en spatel.
h) Grädda i 50-60 minuter, eller tills en tandpetare som sticks in i mitten kommer ut ren.
i) Ta ut ur ugnen och låt svalna i formen i 10 minuter innan du överför till ett galler för att svalna helt.
j) Skiva och servera chiffongbananbrödet, och njut!

94.Chiffong citronbröd

INGREDIENSER:
- 2 dl kakmjöl
- 1 1/2 tsk bakpulver
- 1/4 tsk bakpulver
- 1/2 tsk salt
- Skal av 2 citroner
- 1/2 kopp osaltat smör, mjukat
- 1 kopp strösocker
- 3 stora ägg, separerade
- 1/4 kopp citronsaft
- 1/2 kopp mjölk
- 1 tsk vaniljextrakt

INSTRUKTIONER:
a) Värm ugnen till 350°F (175°C). Smörj och mjöla en 9x5-tums brödform.
b) Sikta ihop kakmjöl, bakpulver, bakpulver och salt i en skål. Rör ner citronskalet.
c) I en annan skål, grädda ihop det mjuka smöret och strösockret tills det är ljust och fluffigt.
d) Vispa i äggulorna en i taget och rör sedan ner citronsaft och vaniljextrakt.
e) Tillsätt gradvis de torra ingredienserna till de våta ingredienserna, omväxlande med mjölken, och blanda tills det är väl blandat.
f) Vispa äggvitorna i en separat skål tills det bildas styva toppar.
g) Vänd försiktigt ner den vispade äggvitan i smeten tills det inte finns några ränder kvar.
h) Häll smeten i den förberedda brödformen och jämna till toppen med en spatel.
i) Grädda i 45-55 minuter, eller tills en tandpetare som sticks in i mitten kommer ut ren.
j) Ta ut ur ugnen och låt svalna i formen i 10 minuter innan du överför till ett galler för att svalna helt.
k) Skiva och servera chiffong-citronbrödet och njut av den ljusa och syrliga smaken!

95.Chiffong pumpa bröd

INGREDIENSER:
- 1 3/4 koppar universalmjöl
- 1 tsk bakpulver
- 1/2 tsk bakpulver
- 1/2 tsk salt
- 1 tsk mald kanel
- 1/2 tsk mald ingefära
- 1/4 tsk mald muskotnöt
- 1/4 tsk mald kryddnejlika
- 1 kopp konserverad pumpapuré
- 1 kopp strösocker
- 1/2 kopp vegetabilisk olja
- 2 stora ägg, separerade
- 1/4 kopp vatten
- 1 tsk vaniljextrakt

INSTRUKTIONER:
a) Värm ugnen till 350°F (175°C). Smörj och mjöla en 9x5-tums brödform.
b) Sikta ihop mjöl, bakpulver, bakpulver, salt, kanel, ingefära, muskotnöt och kryddnejlika i en skål.
c) I en annan skål, vispa ihop pumpapuré, strösocker, vegetabilisk olja, äggulor, vatten och vaniljextrakt tills det är väl kombinerat.
d) Tillsätt gradvis de torra ingredienserna till de våta ingredienserna och blanda tills det precis blandas.
e) Vispa äggvitorna i en separat skål tills det bildas styva toppar.
f) Vänd försiktigt ner den vispade äggvitan i smeten tills det inte finns några ränder kvar.
g) Häll smeten i den förberedda brödformen och jämna till toppen med en spatel.
h) Grädda i 50-60 minuter, eller tills en tandpetare som sticks in i mitten kommer ut ren.
i) Ta ut ur ugnen och låt svalna i formen i 10 minuter innan du överför till ett galler för att svalna helt.
j) Skiva och servera chiffongpumpabrödet och njut av höstens varma och tröstande smaker!

96.Chiffong Choklad Swirl Bröd

INGREDIENSER:

- 1 3/4 koppar universalmjöl
- 1 tsk bakpulver
- 1/2 tsk bakpulver
- 1/2 tsk salt
- 1/4 kopp osötat kakaopulver
- 1/2 kopp strösocker
- 1/4 kopp vegetabilisk olja
- 1 kopp kärnmjölk
- 2 stora ägg, separerade
- 1 tsk vaniljextrakt

INSTRUKTIONER:

a) Värm ugnen till 350°F (175°C). Smörj och mjöla en 9x5-tums brödform.
b) I en skål, sikta ihop mjöl, bakpulver, bakpulver och salt.
c) I en annan skål, vispa ihop kakaopulver, strösocker, vegetabilisk olja, kärnmjölk, äggulor och vaniljextrakt tills det är väl kombinerat.
d) Tillsätt gradvis de torra ingredienserna till de våta ingredienserna och blanda tills det precis blandas.
e) Vispa äggvitorna i en separat skål tills det bildas styva toppar.
f) Vänd försiktigt ner den vispade äggvitan i smeten tills det inte finns några ränder kvar.
g) Häll hälften av smeten i den förberedda brödformen.
h) Lägg klickar av resterande smet ovanpå chokladsmeten.
i) Använd en kniv eller spett för att virvla ihop de två smetarna för att skapa en marmorerad effekt.
j) Grädda i 50-60 minuter, eller tills en tandpetare som sticks in i mitten kommer ut ren.
k) Ta ut ur ugnen och låt svalna i formen i 10 minuter innan du överför till ett galler för att svalna helt.
l) Skiva och servera chiffongchokladbrödet och njut av de rika och överseende smakerna av choklad!

CHIFFONGCOOKS

97. Chiffong citronkakor

INGREDIENSER:
- 2 koppar universalmjöl
- 1 tsk bakpulver
- 1/4 tsk salt
- 1/2 kopp osaltat smör, mjukat
- 1 kopp strösocker
- 2 stora ägg, separerade
- Skal av 1 citron
- 1 msk citronsaft
- 1 tsk vaniljextrakt

INSTRUKTIONER:
a) Värm ugnen till 350°F (175°C). Klä bakplåtar med bakplåtspapper.
b) I en skål, sikta ihop mjöl, bakpulver och salt.
c) I en annan skål, grädda ihop det mjuka smöret och strösockret tills det är ljust och fluffigt.
d) Vispa i äggulorna en i taget och rör sedan ner citronskal, citronsaft och vaniljextrakt.
e) Tillsätt gradvis de torra ingredienserna till de våta ingredienserna och blanda tills det är väl blandat.
f) Vispa äggvitorna i en separat skål tills det bildas styva toppar.
g) Vänd försiktigt ner den vispade äggvitan i degen tills det inte finns några ränder kvar.
h) Släpp skedar av deg på de förberedda bakplåtarna, placera dem cirka 2 tum från varandra.
i) Grädda i 10-12 minuter, eller tills kanterna är lätt gyllene.
j) Ta ut ur ugnen och låt svalna på plåtarna i några minuter innan du flyttar över till ett galler för att svalna helt.
k) Njut av den lätta och saftiga smaken av dessa chiffong-citronkakor!

98.Chiffongchokladkakor

INGREDIENSER:
- 2 koppar universalmjöl
- 1 tsk bakpulver
- 1/2 tsk salt
- 1/2 kopp osaltat smör, mjukat
- 1/2 kopp strösocker
- 1/2 kopp packat farinsocker
- 2 stora ägg, separerade
- 1 tsk vaniljextrakt
- 1 kopp halvsöt chokladchips

INSTRUKTIONER:
a) Värm ugnen till 375°F (190°C). Klä bakplåtar med bakplåtspapper.
b) I en skål, sikta ihop mjöl, bakpulver och salt.
c) I en annan skål, grädda ihop det mjuka smöret, strösockret och farinsockret tills det är ljust och fluffigt.
d) Vispa i äggulorna en i taget och rör sedan ner vaniljextraktet.
e) Tillsätt gradvis de torra ingredienserna till de våta ingredienserna och blanda tills det är väl blandat.
f) Vispa äggvitorna i en separat skål tills det bildas styva toppar.
g) Vänd försiktigt ner den vispade äggvitan och chokladbitarna i degen tills den är jämnt fördelad.
h) Släpp skedar av deg på de förberedda bakplåtarna, placera dem cirka 2 tum från varandra.
i) Grädda i 8-10 minuter, eller tills kanterna är lätt gyllene.
j) Ta ut ur ugnen och låt svalna på plåtarna i några minuter innan du flyttar över till ett galler för att svalna helt.
k) Njut av den mjuka och sega konsistensen hos dessa chiffongchokladkakor!

99.Chiffongmandelkakor

INGREDIENSER:
- 1 1/2 koppar universalmjöl
- 1/2 kopp mandelmjöl
- 1/2 tsk bakpulver
- 1/4 tsk salt
- 1/2 kopp osaltat smör, mjukat
- 1/2 kopp strösocker
- 2 stora ägg, separerade
- 1 tsk mandelextrakt
- Skivad mandel, till topping

INSTRUKTIONER:
a) Värm ugnen till 350°F (175°C). Klä plåtar med bakplåtspapper.
b) I en skål, sikta ihop allsidigt mjöl, mandelmjöl, bakpulver och salt.
c) I en annan skål, grädda ihop det mjuka smöret och strösockret tills det är ljust och fluffigt.
d) Vispa i äggulorna en i taget och rör sedan ner mandelextraktet.
e) Tillsätt gradvis de torra ingredienserna till de våta ingredienserna och blanda tills det är väl blandat.
f) Vispa äggvitorna i en separat skål tills det bildas styva toppar.
g) Vänd försiktigt ner den vispade äggvitan i degen tills det inte finns några ränder kvar.
h) Släpp skedar av deg på de förberedda bakplåtarna, placera dem cirka 2 tum från varandra.
i) Platta ut varje kaka något med baksidan av en sked och toppa med skivad mandel.
j) Grädda i 10-12 minuter, eller tills kanterna är lätt gyllene.
k) Ta ut ur ugnen och låt svalna på plåtarna i några minuter innan du flyttar över till ett galler för att svalna helt.
l) Njut av den delikata mandelsmaken och krispiga konsistensen hos dessa chiffongmandelkakor!

100.Chiffong kokos kakor

INGREDIENSER:
- 1 1/2 koppar universalmjöl
- 1/2 dl riven kokos
- 1/2 tsk bakpulver
- 1/4 tsk salt
- 1/2 kopp osaltat smör, mjukat
- 1/2 kopp strösocker
- 2 stora ägg, separerade
- 1 tsk vaniljextrakt

INSTRUKTIONER:
a) Värm ugnen till 350°F (175°C). Klä plåtar med bakplåtspapper.
b) I en skål, sikta ihop mjöl, riven kokos, bakpulver och salt.
c) I en annan skål, grädda ihop det mjuka smöret och strösockret tills det är ljust och fluffigt.
d) Vispa i äggulorna en i taget och rör sedan ner vaniljextraktet.
e) Tillsätt gradvis de torra ingredienserna till de våta ingredienserna och blanda tills det är väl blandat.
f) Vispa äggvitorna i en separat skål tills det bildas styva toppar.
g) Vänd försiktigt ner den vispade äggvitan i degen tills det inte finns några ränder kvar.
h) Släpp skedar av deg på de förberedda bakplåtarna, placera dem cirka 2 tum från varandra.
i) Grädda i 10-12 minuter, eller tills kanterna är lätt gyllene.
j) Ta ut ur ugnen och låt svalna på plåtarna i några minuter innan du flyttar över till ett galler för att svalna helt.
k) Njut av den tropiska smaken och den sega konsistensen hos dessa chiffongkokosnötskakor!

SLUTSATS

När vi kommer till slutet av vårt chiffongäventyr hoppas jag att den här kokboken har tänt din passion för att skapa lätta, luftiga och dekadenta läckerheter i ditt eget kök. Genom dessa 100 utsökta recept har vi utforskat chiffongens delikata konstnärskap och mångsidiga natur, och förvandlat enkla ingredienser till extraordinära kulinariska mästerverk. Oavsett om du unnar dig en skiva fluffig chiffongkaka, njuter av en sked silkeslen chiffongmousse eller njuter av en tugga av elegant chiffongpaj, har varje recept utformats med omsorg för att ge glädje och tillfredsställelse till varje smak.

Jag riktar min hjärtliga tacksamhet till dig för att du följde med mig på denna kulinariska resa. Din entusiasm och engagemang för att bemästra konsten att baka chiffong har gjort detta äventyr verkligen speciellt. Må de färdigheter och tekniker du har lärt dig från den här kokboken fortsätta att inspirera dig när du skapar läckra chiffongkreationer att dela med familj och vänner.

När du fortsätter att utforska världen av chiffongbakning, kan ditt kök fyllas med de lockande aromerna av nybakade kakor, de delikata texturerna av silkeslen mousse och de utsökta smakerna av eleganta pajer. Må varje chiffongskapelse du gör ge ett leende i ansiktet och värme i ditt hjärta, påminna dig om skönheten och glädjen som finns i konsten att baka.

Tack än en gång för att jag fick vara en del av din chiffongresa. Tills vi träffas igen, må dina dagar vara fyllda av sötma, lätthet och chiffongens omisskännliga elegans. Glad bakning, och må dina kulinariska äventyr fortsätta att inspirera och glädja!